【台湾研究系列】

臺灣財經今事

兰文 著

九州出版社
JIUZHOUPRESS

图书在版编目（CIP）数据

台海财经风云 / 兰文著. -- 北京 : 九州出版社,
2015.1
ISBN 978-7-5108-3528-5

Ⅰ. ①台… Ⅱ. ①兰… Ⅲ. ①地方经济－经济概况－
台湾省 Ⅳ. ①F127.58

中国版本图书馆CIP数据核字(2015)第034799号

台海财经风云

作　　者	兰　文　著
出版发行	九州出版社
出 版 人	黄宪华
地　　址	北京市西城区阜外大街甲 35 号 (100037)
发行电话	(010)68992190/3/5/6
网　　址	www.jiuzhoupress.com
电子信箱	jiuzhou@jiuzhoupress.com
印　　刷	北京京华虎彩印刷有限公司
开　　本	720 毫米 ×1020 毫米　16 开
印　　张	14.5
字　　数	200 千字
版　　次	2015 年 2 月第 1 版
印　　次	2015 年 2 月第 1 次印刷
书　　号	ISBN 978-7-5108-3528-5
定　　价	48.00 元

2013 年作者和海基会董事长林中森合影

2011 年作者和时任海基会董事长江丙坤合影

自　序

兰　文

推荐序（按姓氏笔画顺序）

王建民

彭锦鹏

雷　倩

书　评（按姓氏笔画顺序）

庄孟翰

林建甫

自 序

台湾经济得了“保守”病

2014年春天，谁也没有预料到，一个纯经济协议《海峡两岸服务贸易协议》，竟掀起了台湾政坛的轩然大波！反服贸群体相继攻占台“立法院”“行政院”，并长时间瘫痪了“立法院”，抗议活动主轴是“反服贸，反黑箱”。这波战火，不知要延续到何时；服贸协议，不知将会是什么下场。

许多平时不太关注台湾经济的大陆民众，也十分关注服贸协议究竟为何引发岛内抗议群体的恐慌。大陆民众通常很难理解，一个明显让利台湾的协议，竟然酿成了台湾罕见的“宪政危机”！

根据服贸协议，大陆向台湾开放80个项目，全部高于WTO经贸正常化待遇；而台湾向大陆开放64个项目，只有20多项达到了WTO正常化待遇。即使撇开协议内容不谈，就说所谓的程序“黑箱”，可实际上2013年台湾地区与新西兰、新加坡签署经济协议，同样在签约前未经台“立法院”审查，却没有引起任何争议。

正如台湾地区领导人马英九所说，台湾很多事情一遇到大陆就变了样。这个“变样”，一个重要表现是台湾民众忧虑经济上过度依赖大陆，遭到大陆严重冲击，服贸争端反映的正是这种忧虑，有大陆网友指其“想在经济上吃大陆豆腐，又怕政治上被大陆吃豆腐”。这种心态造成台湾对大陆保护有余、开放不足，错失了搭乘大陆经济快车的良机。

于是，台湾针对大陆资金设置了重重障碍，相当多想去台湾投资的大陆企业很是困惑：台湾究竟欢迎什么样的大陆企业和人才过去？台湾希望两岸产业如何互动互惠？本书在第二部分“投资冲动”中有详细论述。

对于自己的市场想尽量保护，对于对方市场却想尽量进入，台湾服务业继制造业之后，一直对大陆市场虎视眈眈，如果两岸服贸协议尽早生效通过，台服务业将会借助大陆内需迎来发展的“黄金时期”，特别是电子商务、金融业、文创业等，更有机会大展拳脚，驰骋广袤神州。

目前，电子代工产业依然唱主角，它曾经为台湾赢来了“电子代工王国”美称，可它终究处在“微笑曲线”底部，嘴角无法向两边上扬而微笑起来，台湾的电子代工业，曾经“美丽”，而今“哀愁”，台湾产业如何走出困境、枯木逢春？本书第四部分“产业轮动”对此予以了关注。

正是因为产业没能顺应潮流，进行转型升级，一种名叫“保守”的病越发严重。台湾经济从“亚洲四小龙”之首沦落为龙尾，其实，如今已无“四小龙”之说了！台湾经济变闷了，“钱袋子”变扁了，民众薪资不涨了，台湾人正在一步步变穷。本书第五部分“民生触动”有许多鲜活的实地见闻。

台湾经济如何才能走出幽暗隧道、迎向洞口亮光？在全球经济整合大潮流下，台湾出路只有与大陆进行经济整合、产业分工，进而融入到 RCEP（东盟全面经济伙伴关系协定）和 TPP（泛太平洋战略经济伙伴关系协定）等区域经济体中，现阶段可通过两岸自由经济试验区的对接，“试水”而行，长远目标是把整个台湾打造成自由经济岛。相关内容在本书第一部分“宏观驱动”中多有涉及。

当然，两岸经贸成功整合，势必给两岸民众理财带来福祉，股民可坐“两岸股市直通车”，“台湾大妈”可以使劲逢低买入人民币。台湾证所税几十年一路走来，风雨飘摇，对多年来一直处于谷底的大陆股市会有何借鉴？本书第三部分“财金脉动”有此类观察。

一个做服装生意的朋友告诉我，他原先有台湾客户，可是因为政治问题，订单由多变少变无。不少想去台湾买房的朋友，也担心万一哪天两岸关系紧张，人过不去了，房子也就白买了。两岸经济整合，从来就夹杂了太多政治因素；台湾经济问题，真是像雾像雨又像风！

这就让我们透过此书，拨开迷雾，一睹真实的台湾经济生态，放眼未来的两岸经济融合！

本文作者兰文 兰文

推荐序一

更接地气，了解台湾经济兴衰

2013年冬天，北方寒冷干旱，又不时出现让人压抑的雾霾天，南方则仍是绿树成荫，生机勃勃，春意盎然。

癸巳岁末之际，笔者到风景优美的厦门大学参加一场小型两岸关系形势研讨会，见到海峡导报社记者兰文。作为兰文多年的采访对象与朋友，他要我为他的新著《台海财经风云》写序，虽感不大胜任，也不便推辞，许下承诺，写点感受与想法，是为序。

台湾问题是一个重大而敏感的问题，涉及国家主权领土完整，关系到中华民族的伟大复兴，是全民族、全社会始终关注的一个重大问题。如今台湾问题已成为一个显学。当下大陆研究台湾问题或两岸关系问题的机构越来越多，涉台学者越来越多，研究成果越来越多，涉台队伍也越来越庞大，其中涌现出一批专门从事涉台问题或两岸关系问题的媒体人，在此称为“涉台媒体人”。他们主要从事涉台问题或两岸关系问题的报道、评论或节目制作等，是涉台信息的传播者、报道者，涉台重大事件的解读者，中央对台政策的宣传者，涉台社会舆论导向的指引者，在两岸关系发展中扮演着特殊而重要的角色。他们所在的媒体以及他们的报道、评论、文章，也成为大陆民众了解台湾问题与两岸关系发展的重要窗口。

然而，依我从事对台研究近30年所了解，大陆涉台媒体人大多是“全能型”媒体人，常常身兼数职，几乎涉猎台湾政治、经济、社会、文化与两岸关系的各个方面，不如台湾媒体人那样分工明确，多有专长与专攻，他们可以说是无所不包，无所不能，什么问题都报道，什么样的涉台文章、评论都敢写，都能写。偌大的大陆，长期专门从事涉台经济或两岸经贸问题研究的学者寥寥无几一样，专职于涉台经济或两岸经贸问题的大陆媒体人更是少之又少，常常是非经济专业或不甚了解经济问题的媒体人，报道或撰写台湾经济或两岸经贸议题的评论、文章，结果是，专业知识不足，问题了解不够，分析不到位，判断不准确，出现谬误便在所难免。不过，我所认识的厦门海峡导报社记者兰文则不同。他不是一个“全能型”涉台媒体人，不是对台湾问题或两岸关系方方面面的问题进行全方位的报道与评论，而是多年来专注于两岸财经议题，以认真、专业的精神观察与审视两岸财经问题，写了大量有关两岸财经问题的报道与文章，不少文章还被其他媒体转载，也多次获得奖励，这是对他涉台媒体工作的最大肯定，也为涉台媒体人专业化发展树立了榜样。他的勤奋与努力，终有成果与成效，将最新两岸财经议题的分析评论文章汇集成册，出版《台海财经风云》一书，可喜可贺。

这本二十多万字的《台海财经风云》，当然不是一本两岸财经问题的研究专著，没有理论探讨，没有模型分析，没有宏篇大论，而是就近年来台海两岸重大财经热点问题、焦点问题与重大问题，进行客观、翔实地采访、分析与报道，写成短小精悍又不失深度分析的文章，简明扼要，读来不会像学院派学者撰写的专著那样深奥、枯燥与乏味，而是非常轻松，浅显易懂，还会从中得到诸多涉台知识的收获与思想启迪。

这本文集重点分析了近年来台湾经济或两岸经贸关系发展的许多重要问题，诸问 ECFA（海峡两岸经贸合作框架协议）问题、陆资入岛问题、两岸金融合作问题、两岸产业合作问题、台商投资问题、台湾经济竞争力问题、台湾自由经济示范区建设问题、台湾财政税收问题、台湾经济发展困境问题以及台湾经济改革问题等，同时还涉及台湾经济社会生活，诸如养老金问题、以房养老问题、薪资问题、少子化问题、高房价问题、“打房”问题、电价问题等等。阅读这本书，我们既可认识与了解当下台湾经济、民生问题，也可认识与了解两岸经贸关系发展的进展、困难与挑战。

这本书另一特点在于，作者不完全是自己对两岸财经问题分析直接下判断与结论，而是通过大量采访海峡两岸的相关官员、企业家、学者、专家甚至普通老百姓对这些问题的看法与感受，呈现观点的客观性、多元性与碰撞性，而且让原本复杂的经济问题不再抽象，读来更感亲切与熟悉，更接地气，也会让大陆读者对今天台湾所面临的经济、民主、社会问题与大陆进行比较，思考与大陆经济社会发展的异同，以及对未来大陆经济社会发展的借鉴意义。

细读这本两岸财经评论之书，不仅可了解台湾经济之兴衰，了解当下台湾经济改革之困难与艰辛，了解两岸经贸关系发展进程及种种问题与挑战，还可从中了解当下台湾社会与政治之现状，甚至还可洞察台湾未来经济社会发展之前景，值得一读。

（中国社会科学院台湾研究所资深研究员王建民）

推荐序二

撩开面纱，理解两岸财经生态

《台海财经风云》这本书是关心两岸财经互动和发展的朋友们一定会喜欢的书，生动、活泼、内容丰富、论述深入。作者兰文先生任职于厦门的海峡导报社，多年来都在第一线采访两岸的财经和政治新闻，他的驻台采访经验，使书中内容能够扣紧台湾的现状，呈现台湾财经发展的脉动。正因为他的足迹遍布台湾各角落，才能够信手拈来，行文流畅，拨云见日。我和兰文有过多次的深入访谈经验，高兴看到他出书，先睹为快，一个晚上就把整本书看完，也很高兴能够受邀写这一篇序文。

总的来说，本书的报道和论述非常精简扼要，随时透过被访者锐利的眼光，穿透两岸财经现状，并且带着相当浪漫、豪放的情怀，陈述大陆投资台湾所受到的特别待遇，以及台湾经济发展在过去十几年中所碰到的各种困难和迟滞的现象。

我本人对于台湾的政治经济财政各方面的发展，一直都保持高度的关心和观察。而作为台湾竞争力论坛的理事长，以及身为公共行政学者，我发现这本书里面所采访到的台湾对象，已经很平衡、全面地代表了台湾精英的意见。

邓小平“南方谈话”之后二十多年来，大陆的经济发展高速前进，不旋踵之间，已经成为全世界第二大的经济体，经济发展速度之快，以及基础建设之普遍深入，在人类历史上是仅见的。对于这个快速转变的“崛起”过程，台湾的民众就像全世界的一般民众，如果没有机会经常到大陆旅游，看看各项建设的快速推动，就很难全盘掌握大陆发展的方方面面。由于两岸人民长久以来的政治经济分隔，再加上台湾的官方人员比较少到大陆公务出差或旅游，因此不论是在政治的决策方面，或者是在各项财经法规方面，都因为各种时间、地理上的隔离因素，两岸财经政策较难有大开大阖的政策规划和执行。

在这个大的背景下，兰文非常生动地描写到，大陆的资金要进到台湾的时候，所受到的各种限制，以及感受到的怀疑和敌对的心情。书中对于大陆的资金，不论是大陆厂商的资金或者是台商的资金，都遭到台湾民众相当大的质疑感到不解，我则认为最主要是缺乏沟通的机会和管道。这部分两岸金流进度迟缓的原因，其实也和民进党对于两岸关系采取相当敌对的态度密切相关。不过，民进党对于两岸关系的看法和做法，已经逐渐趋于务实，民进党籍的地方首长不断到大陆进行招商、推广观光活动，并且争取飞机直航的航班，都显示出两岸关系的务实面和逐步开放的趋势。

这本书对于台湾的观察，是从多元的角度，来分析台湾过去十几年中经济发展速度变慢的现象。我想这些观察基本上有实际的数据为基础，都没有错误。不过，从整体经济发展的角度来看，越成熟的经济体，经济发展的速度大致上都会由高速成长，然后转变为高原期，再进入经济放慢的阶段。李登辉执政 12 年时期经济成长率平均为 6.61%，陈水扁执政 8 年时期平均为 4.42%，到马英九执政时期的 3.07%，这种经济成长脚步放缓的历史轨迹，基本上还算是正常的。不过，台湾目前的经济发展问题，主要是来自于两个方面的影响。第一是在民主化过程里面，民主政治的运作法则影响到经济发展的脚步，几乎是必然的。第二是台湾受限于只有 2300 万人口的现状，台湾产品的行销规模，是比较吃亏的，不容易发展成为大品牌、或是可以在全球市场举足轻重的跨国性公司。宏碁电脑一度在笔记型电脑的领域占有国际市场的领先地位，但是在平板电脑崛起的关键时刻，公司误判发展方向，研发经费投入不足，一下子就营收大幅衰退。宏达电子的智能手机技术精良，一度在国际市场上领先，但是在国际行销方面以及协力厂商零件制造方面无法进行适当的垂直整合，也受到极大的打击。面对这些先天的困境，台湾的经济发展必须另寻出路，在各种大众和小众产品、文化创意产业、生活产业、服务产业以及高科技产业上，寻求最佳的经营模式，开拓加值效果的各项服务制造业和制造服务业。

两岸财经关系的发展，有时候是很难从表面理解的。例如，到台湾观光的大陆人数众多，每年以百万计，好像台湾赚到很多钱。但事实上透过港商的方式，或是大陆旅行社并购、投资台湾旅游产业的方式，大陆的团客在台湾所消费的金钱，相当大的部分回流到大陆，而台湾的旅游业者在低价接团的情形下，几乎无利可图，甚至于关门。又如台湾虽然对于大陆资金购买房地产有严格规定，表面上成交户数不多，但对于不动产行业稍有了解的，都知道利用人头购买台湾房地产，成交并不在少数。在另一方面，大陆的行政审批作业对于台商在大陆拓展服务产业，也可能形成无形的门槛障碍，例如出版的相关产业。

我曾经写过文章表示，台湾在大陆成为世界工厂的阶段，没有采取正面、积极的投资策略，大力加码投资大陆的制造业，十分可惜地错失第一次的重大赚钱机会。大陆即将由世界工厂转变成为世界市场，台商和台湾的服务产业应该善加把握第二次的重大机会，以共创双赢的方式，结合两岸产业机会，加速交流，共同拓展世界市场。本书在未来的两岸财经发展中，提供非常多的深入观点，值得两岸用心思考和借鉴。

（台湾竞争力论坛理事长彭锦鹏）

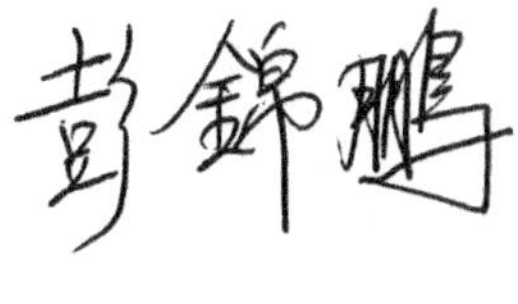

推荐序三

温水煮蛙，台湾陷入产业困境

这些年我有许多机会参与两岸事务，也因此认识了一批被我称为“少年英雄”的媒体朋友，兰文是其中佼佼者。接受过他采访的人，相信都会同意他是一位极为认真、充满洞见的媒体人。 我非常荣幸能受邀为他的新书《台海财经风云》作序，向读者推荐一本精彩又好看的书。

作为一个文化人类学、社会学与传媒理论的研究者，我对外来者如何认识、理解甚至内化其他文化，一直充满兴趣；来台深入生活、采访的兰文便成为非常好的观察对象。从本书的纲目看出，兰文既是一位独立客观的思考者，又是一位具有文化认同的外来者。因此，他虽然选择了财经作为剖析台湾的射入点（trajectory），字里行间却体现对两岸整体社会与文化的深入理解。

兰文从各种观点参照剖析的核心问题，是由“变与常”(change and continuity) 交互作用造成的大趋势。如：第二部分投资冲动，写的是陆商与台商交互跨海投资，与投资当地母体文化的磨合故事；第三部分财金脉动，以对照的观点，深入剖析台湾的货币、财政、税收、资本市场等各个面向；第一、四部分宏观驱动和产业轮动，展现了兰文作为财经记者的功力，从台湾奇迹到代工产业的结构性问题，仿佛是一篇台湾经济发展论文；第五部分民生触动则是从个体经验，描绘近年来台湾社会向下流动的问题。

两岸开放已经从单边开放、双边开放，开始进入全面开放、互相频繁往来的阶段。而在极为复杂的国际经济局势下，两岸有各自的“美丽与哀愁”（借作者标题）。台湾具有先驱市场的条件，可以是大陆进军国际的重要试点与亮点！大陆具有规模市场的优势，可以是台湾发展品牌的有利环境！两岸不同产业在不同的发展阶段，更可以有各式各样的合作整合机会！但这些经济整合的机会对于体量相对小的台湾而言，可以说是既期待又怕受伤害；过去开放整合的结果，也往往造成两个中间阻断的“赢家圈”与“输家圈”；赢家的获利不会经由经济学理的“下溢”（trickle down）让输家分享。

此时，若政府不能以制度有智慧地确保经由税收等渠道让赢家付出合理代价，让输家得到基本辅导或补贴，反对的声浪必定排山倒海而来！长此以往，将造成“赢家集中、输家扩大”的结果，又会产生所得分配不均、失业攀升、整体社会向下流动的恶性循环。反之，若政府政策能有效引导适合的外资产业进入，则适度开放可能创造本地就业机会、提升台湾制造MIT的品牌价值，产生社会向上流动的良性循环。

兰文书中访问了一些来台的陆资，他们很多是抱着来台湾练好功夫，再迈向世界或回大陆发展的想法而来，也就是前文中以台湾为试点的概念。看清这一点，则台湾“向上跃升或向下沉沦”（李远哲语）的关键绝不在开放与否，而在开放的经济战略，包含整体规划、顺序、时程、方式、产业发展/辅导方向等（台湾内部对ECFA与服贸协定的讨论大抵环绕着这些问题，而台湾当局至今也未向老百姓说清楚）。

一本《台海财经风云》，提供给两岸的读者不同的省思机会！对大陆读者而言，本书是一本精彩的深度导览，包含了台湾政治、经济、社会、文化、生活等领域的介绍。对台湾读者而言，本书是一张完整的旅行地图，展现了两岸财经发展的过去、现在，与不同的未来选择。

作为台湾的读者，我认为兰文在本书中展现的针砭往往有如当头棒喝，尤其是关于产业困境、社会流动的几篇文章，特别值得我们这些生活在台湾，在温水中被煮的“青蛙”们细细品味！

（“中华二十一世纪智库”研究召集人、台湾前“立法委员”雷倩）

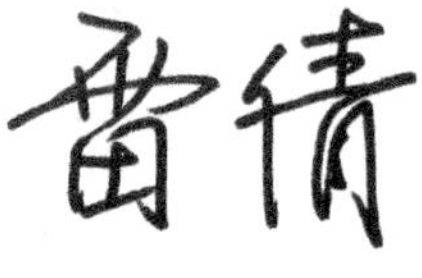

书评一　敏锐观察　见解独到

台湾与大陆自从2010年6月29日签订海峡两岸经济合作架构协议(Cross-Straits Economic Cooperation Framework Agreement，简称ECFA)之后，两岸经济交流即迈入崭新的里程。加上此后陆续展开的投资保障、服务贸易、货品贸易等多项协议利多，可以想象得到，今后两岸除经济整合互补将越来越深化之外，社会、文化等各层面交流亦将愈来愈频繁。

本书作者兰文先生两次派驻来台，其间除深入探讨台湾政经社会转型变化之人文差异，更就两岸经济发展阶段与交流过程之转折关键，以敏锐的观察力直接点出症结所在，其中尤以陆资赴台、台湾服务业登陆、两岸金融、货币、股市开放等政策均有精辟独到的见解；另外，对于当前台湾所面临的经济困境与“低薪陷阱”，乃至于人口高龄化、少子化、贫富差距等议题，以及大陆人士赴台购屋置产，大陆将来可能逐渐浮现的经济与社会等相关问题，都有深入浅出的分析报道。论述内容还将所见所闻以及访问心得真实呈现，期以真实事例报道两岸事实现况，以飨读者。

而更难能可贵的是，对于当前两岸交流呈现迟滞化问题，本书提出不少批判观点，俾供主管机关政策制定参考。唯如就现阶段台湾与中国大陆之经济体规模、政经与社会发展差异加以比较分析，不难发现此一现象实与十年来台湾面临经济成长衰退、薪资所得倒退、失业率提高、房价飙涨、社会弊病丛生等种种问题难脱干系。而此问题又与台湾原来预期两岸经济整合互补之政策效果差距极大息息相关，其中尤以高科技产业面临前所未有的竞争威胁，导致经济成长迟滞，以及传统产业衰退导致失业率频创新高最受訾议。近年，又因房价不断飙涨、贫富差距扩大以及物价一再蹿高，而导致政府政策屡遭批评，连带两岸经济协议等相关议题亦常遭杯葛。

此外，随着两岸三地人员往来与政经交流之日益频繁，近年港澳地区与中国大陆政经整合过程所发生之种种政经与社会冲击等相关议题，包括人口移动、就业机会、居住空间、房价飙涨、社会福利等问题之变动与排挤等，都是台湾社会常引以为鉴之话题。因此，未来在两岸政经整合过程中，必定还有更多的财经与社会人文议题值得细细品味，也希望作者能够随时予以深入追踪探讨，并做深度分析报道，俾便两岸交流得以早日步入正轨，共同开创双赢互利之坦途。

（台湾知名房地产专家、淡江大学副教授庄孟翰）

书评二　深入　细腻　锋利

兰文是个非常认真的记者，从他的书，完全可以看得出来。

由他的书，可以明了他对问题的深入；

由他的文章，可以体认他思维的细腻；

由他的写作，可以感受到他锋利的笔。

如果你想要了解台湾，兰文的新书，是你不该错过的一本好书。

（国民党“国家政策研究基金会”财政金融组召集人、

台湾大学经济系教授林建甫）

CONTENTS
目录

第一部分 PART ONE 宏观驱动

第一章 上海自贸区与台湾自经区推开“自由”之窗 /3

上海自贸区犹如一举火把，将探明中国大陆自由经济之前路，点燃神州大地经济升级之明灯。一海之隔的台湾，深怕被席卷而来的大陆自由经济浪潮淹没，寄予自经区以抗衡上海自贸区之重任。自贸区与自经区，应该上演一场惨烈的资源争夺战，还是同饮一杯共赢的兄弟和好酒?

第二章 一波三折的台经济特区之路 /11

四面环海的台湾岛，吹拂着来自太平洋的风，这种地理环境，造成外向型经济几乎是台湾的宿命。数十年来，台湾的几次经济特区实践，都与全球脉动息息相关，经济特区成效完全取决于对外开放程度大小。

第三章 “金”钥匙开启海西对接台湾之门 /17

作为两岸相隔最近的海上双城，在波涛翻滚的台湾海峡间，厦门、金门似乎在拉着两根长长的线，把两岸紧紧牵连起来。今后海西对接台湾，金门仍是最理想的突破口。

第四章 ECFA对台红利：一扇门、一座桥、一条路 /23

ECFA好比两岸经贸合作大厦的框架，没有框架不成大楼，没有ECFA，两岸经合就只能永远停留在浅层面。台湾借ECFA深度连接大陆，不仅得到了大陆市场，也获得了全球自由经济的入场券。

第五章 后 ECFA 时代，海西怎样耕种“试验田”？ /31

海西经济区是对台经贸合作交流的试验田，而 ECFA 是两岸经济合作交流的加速器，试验田唯一出路是与 ECFA 比时间、比速度，否则试验田便无从谈起、名不副实。

第六章 台湾经济“大闷锅” /36

在上世纪，人们谈起台湾经济，普遍想到“奇迹”二字；可在新世纪，取而代之的却是“闷”字。果真是世事沧桑，变幻难料，台湾经济正置身于“大闷锅”之中。

第七章“民主化陷阱”造成台湾经济困境 /43

全球正在席卷民主化浪潮，在这股浪潮下的台湾，经济每况愈下，经济困局是民主化之陷阱吗？民主化一定要付出这个巨大代价吗？

第八章 台湾竞争力提升之道 /47

全球经济、东亚经济正发生大变局，台湾一定要摆脱生产制造依赖性，强化品牌与研发，善用大陆市场，才可提升核心竞争力。

第二部分 PART TWO 投资冲动

第九章 陆资赴台，摸着石头过河 /53

陆资在台湾岛内飘了几丝毛毛雨，与此前岛内期待的“陆资活水”有相当差距。“活水”迟迟没来，令不少人跌破眼镜。陆资赴台，不得不步步小心。

第十章 陆企舞剑宝岛，“沛公”何在？ /57

台湾这么一块弹丸之地，如何能吸引大陆企业青睐的目光？陆企动机不一，有的要去赚观光财，有的想去练本领，有的欲借此通往世界，也有的图谋游向产业链更高端……

第十一章 “MIT小鞋”裹足，陆资行路难 /62

陆资在台湾遭受的待遇，犹如穿着“三寸金莲”，行走在曲折的小径上；又如要进入一个大殿堂，敲开了殿堂大门，里面每个房门却还有“铁将军”把守。陆资赴台，看起来很美，做起来很难！

第十二章 破除“安全”魔咒，陆资迈大步 /67

台湾对陆资的喜欢是叶公好龙式的，叶公喜欢纸上的龙，害怕真正的龙。台湾喜欢象征的陆资，害怕实质的陆资。在内心深处，台湾人对陆资一直有“恐惧感”，这种感觉犹如幽灵盘旋着……

第十三章 大陆人要去台湾炒房？ /71

炒房，大陆人对这个词再熟悉不过了！随着陆客、陆资赴台，“炒房”也正在台湾持续发酵，大陆因素挑动着台湾房市的敏感神经。对于台湾房市，陆资是活水还是洪水，我们将拭目以待。

第十四章 台商经第三地登陆，增还是减？ /78

两岸投保协议给从第三地登陆的台商服下“定心丸”，使他们不再栖身于不受法律保护的灰色地带，这将给台商登陆方式带来什么变化？经第三地登陆的台商，今后将增加还是减少？

第十五章 台商回流，可否汇流成河？ /82

当初台商奔涌大陆的大潮流，如今形成一个支流返回台湾。这种回流只是一段小插曲，还是一个大趋势？只是涓涓细流，还是将汇流成河？

第三部分 PART THREE 财金脉动

第十六章 两岸金融中心“抢试”，只争朝夕！ /89

全国唯一的两岸区域性金融中心，厦门抢尽了媒体风头。不过在聚光灯背后，该中心却有着“少年维特式”的成长烦恼。该如何长大，该长成什么样子？真是一个问题！

第十七章 台北人民币离岸市场的厦门机会 /98

人民币国际化之路，犹如一艘大船在全球航行，人民币离岸交易市场是这条国际航线中的大港，台北如果成为大港，厦门有望当其辅港，这是厦门两岸金融中心的巨大商机。

第十八章 两岸“货币直航”号角吹响 /102

两岸继通邮、通航、通商之后，迎来了通汇。两岸之间“币畅其流”，将带动货畅其流、人畅其流，从而深刻影响到两岸经贸布局与民众日常生活。

第十九章 货币直航时代三大猜想 /108

展望未来，两岸货币直航开启了诸多可能：新台币兑换何时在大陆遍地开花？人民币何时成为台湾的外汇储备货币？台湾能成为下一个人民币离岸市场吗？

第二十章 两岸股市直通车大陆鸣笛起步 /113

提起股市直通车，多数人会立马想到港股直通车，在两岸金流“化曲为直”的新形势下，相对于台湾民众的陆股直通车，相对于大陆民众的台股直通车，都将从梦想走入现实。

第二十一章 台湾“财政破落户”如何形成？ /121

台湾当局的日子真是越来越难过了，旧债不断堆高，收入逐年萎缩，这是经济发展周期使然，还是民主进程必然要付出的代价？

第二十二章 台湾地方财政“造血”功能萎缩 /127

台湾除了6个“直辖市”之外，其他县市财政“造血”功能疲弱，其中最穷的台东县，一年税收只有1亿多元人民币。曾经“钱淹脚目”的台湾，为何走到今天如此困窘之局面？

第二十三章 历经波折，台湾证所税能走多远？ /131

综观历史，台湾证券交易所得税是台湾股市中最具杀伤力的武器，它主要是想要让股市大户“出点血”，结果每次“大出血”的是普通散户。台湾当局为何明知路难行，偏向难路行？

第二十四章 “逗你玩”的台湾证所税 /135

台湾证所税与台湾股民玩着一个长达半个多世纪的双人相声——股民问：“谁拿走了我的钱？”证所税说：“逗你玩呢。”股民说：“再不老实，我揍你！”证所税回答：“真的是逗你玩啊！”……

第四部分 PART FOUR 产业轮动

第二十五章 台服务业登陆，迎来“黄金十年” /141

台湾如果一味以保守心态阻挠服贸协议实施，错过的是台湾服务业掘金大陆市场的最好机遇，台湾应该以积极心态拥抱大陆，以开放台湾服务市场为交换，牢牢抓住大陆服务业的“黄金十年”。

第二十六章 中韩FTA：台制造业的原子弹 /148

出口是台湾经济的最大功臣，韩国是台湾出口的最大劲敌，韩国与全球主要经济体广签FTA，台湾的FTA伙伴却几乎都是小儿科，优劣立判。韩国的这个当年“亚洲四小龙”之尾，竟然扼住了当年“四小龙”之首的台湾命运之咽喉！

第二十七章 台湾代工产业“美丽而哀愁” /151

台湾闷经济的一个重要根源是代工出口依赖。在全球经济景气上升之际，代工业成长得“很美丽”；但当全球经济变冷之时，代工出口会变得“很哀愁”。产业处在“微笑曲线”底端，经济当然“笑”不出来，于是很郁闷。

第二十八章 三大“不友善”，台湾产业转型深陷泥淖 /155

20世纪七八十年代，台湾有过一次成功的产业转型，奠定了日后电子代工王国地位；可惜此后三十多年，台湾过度依赖电子代工业，未能实现第二次成功的产业转型。究竟有哪些瓶颈，束缚了台湾产业的华丽转身？这或许是一个永远不会有答案的问题。

第二十九章 台湾文创产业“活化”之术 /158

文创产业与生活品质相辅相成，当人们注意提升生活品质时，文创产业自然蓬勃发展；文创产业欣欣向荣，又反过来提升人们的生活品质。台湾民众注重生活品质，这为文创提供了肥沃的土壤，台湾文创有一种精致之美，有一股活化之源。

第五部分 PART FIVE 民生触动

第三十章 在台湾，一个人是如何变穷的？ /165

物以类聚，人以群分。学贷族、派遣族、卡债族、房奴族、照护族、流浪族……这一系列族群，生动反映出一个人在台湾的贫穷轨迹。

第三十一章 台湾何以掉入“低薪陷阱”？ /170

曾几何时，我们印象中“水深火热”的台湾人，回大陆探亲时却个个富得流油，他们的钱财对我们来说几乎是天文数字。时光流转，台湾人这般好日子已经一去不返了，他们的工资，十几年来基本上没有“与时俱进”。

第三十二章 台湾养老金“右转”求生存 /173

老龄化是一个全球性的课题，伴随而来的是养老保障难题。作为个人，谁都希望养老金“多多益善”，民选政府为了讨好民意，也尽可能承诺多给。只是，财政早已捉襟见肘的台当局，凭什么来不断填充这个大洞？

第三十三章 “以房养老”：为养老新开一扇门 /178

两岸都开始探索“以房养老”实践，中国向来是养儿防老，如今的养老保障金制度是集体储蓄防老，让大家年轻时赚的工资留一部分到退休后，而以房养老开辟了以不动产养老的新思路。

第三十四章 台湾“少子化”社会如何炼成？ /181

在经济压力之下，在强调“自我”之下，台湾出生人口急剧萎缩，今天的“少子化”，意味着将来的“老龄化”，台湾社会正面临活力衰竭的严峻挑战！

第三十五章 台北为何高房价、低租金？ /186

台北的高房价与低租金形成了鲜明对照，两者差距越来越大，把房产投资者推向高度风险区。房市泡沫何时将破灭？“居住正义”路在何方？

第三十六章 从奢侈税看台湾“打房”得失 /189

在大陆，“打房”是大家熟悉得不能再熟悉的词语，可是十几年来房价越打越高。在台湾也偶有“打房”一说，当政者同样不敢把房价往死里打，他们近年最有力度的“打房”举措，当数推出奢侈税了。

第三十七章 台湾电价市场化之困 /193

负责向全台用户供电的台湾电力公司，已亏损了资本额的一大半，台电一直推动要提高电价，老百姓却不买这个账。电价究竟高了还是低了？在垄断企业经营的背景下，这是一道永远没有答案的难题。

第三十八章 台湾出租车“牌随人走”可供借鉴 /196

打的难，成为大陆诸多城市的普遍难题，根源在于车牌被严格管制，成为稀缺资源。而台湾，司机几乎可以免费取得出租车牌，所以没有打的难问题，然而却也造成了空车满街跑现象。政府“有形之手”的松与紧，真该好好拿捏！

PART ONE

第一部分 宏观驱动

◎上海自贸区与台湾自经区推开“自由”之窗

◎一波三折的台经济特区之路

◎“金”钥匙开启海西对接台湾之门

◎ ECFA 对台红利：一扇门、一座桥、一条路

◎后 ECFA 时代，海西怎样耕种“试验田”？

◎台湾经济“大闷锅”

◎“民主化陷阱”造成台湾经济困境

◎台湾竞争力提升之道

第一章
上海自贸区与台湾自经区推开“自由”之窗

上海自贸区犹如一举火把，将探明中国大陆自由经济之前路，点燃神州大地经济升级之明灯。一海之隔的台湾，深怕被席卷而来的大陆自由经济浪潮淹没，寄予自经区以抗衡上海自贸区之重任。自贸区与自经区，应该上演一场惨烈的资源争夺战，还是同饮一杯共赢的兄弟和好酒？

2013 年秋天，两岸几乎同时推开了自由经济之窗口。

这个窗口有别于两岸此前对外打开的窗口：出口加工区、保税区、自由贸易港区、经济特区等。这个新窗口，大陆称自由贸易试验区（简称自贸区），台湾称自由经济示范区（简称自经区）。

2013 年 8 月，台湾在基隆、宜兰苏澳、台北、台中、高雄、台南安平等 6 个海港和桃园空港推行自经区。9 月底，大陆在经济中心上海拉开自贸区序幕。

我们曾经走过计划经济、市场经济年代，如今又迎来了自由经济年代。在这个年代里，不自由，唯有死，两岸都无处躲藏，两岸都无从选择。

自由之缘起：美国主导全球“市场红利”

两岸启动自由经济试验，有内部外部纷繁复杂的原因，有历史现实众说纷纭的考量，但是全球经济自由化大潮，却是最重要因素。

自21世纪以来，世界贸易组织（WTO）工作步履维艰，自由经贸功能日渐式微，世界各国和地区于是绕开世贸组织，自行找人结对子（即FTA，也称自由贸易协定），或者一些成员共同结成区域经济组织（如TPP、RCEP等）。FTA成员或者区域经济组织成员之间实行自由化经贸关系，超越了WTO框架内的正常化经贸关系。

这十几年来，全球自由化浪潮一浪高过一浪，从欧美往亚洲席卷而来，其中最强大主导力量是美国。美国主导的区域经济组织包括北美自由贸易区、泛太平洋战略经济伙伴关系协定（TPP）、泛大西洋贸易投资合作伙伴关系（TTIP）等，几乎要将全球主要经贸区一网打尽。

台湾“国策研究院”院长田弘茂指出，美国正在进行全球经济战略大调整。**过去二十多年全球劳力密集型地区占到便宜，中国大陆依靠“人口红利”成为最大受益者；美国今后要推行“市场红利”规则，以美国为主体构建全球自由经济贸易区，以此设立产品进入新规则。**

在“市场红利”新规则之下的亚洲，东盟10+6组建区域全面经济伙伴关系协定（RCEP），16个成员与TPP的12个成员有部分重叠，大陆对RCEP兴趣较高，台湾对TPP兴趣较高。另外，中日韩自贸区也在紧锣密鼓推进，该贸易区覆盖全球20%的贸易量，2015年该自贸区或将谈成。中日韩自贸区对台湾影响最大，因为韩国是台湾最主要对手，大陆和日本是台湾最重要经贸伙伴，贸易是有替代性的，中日韩自贸区内贸易成长，势必排挤台湾与他们的贸易量。

厦门大学台湾研究院经济所唐永红所长称，全球各经济体都在利用自由化创造新的竞争优势，自由化主要包括以WTO为代表的全球经济整合（作用快速衰减中），区域双边（FTA）、多边（区域经合组织）经济整合，各经济体之中“境内关外”自由化（这部分推进速度最快）等三个方面。

全球各经济体之间至今已签署500多个FTA，中国大陆、日本、新加坡等均对外签了十几个FTA。两岸之间关系特殊，未以FTA形式签署，而是签订了具有FTA实质意义的ECFA。台湾2013年还与新西兰、新加坡签订了FTA。

在一个经济体内部的“境内关外”自由化部分，包括保税区、自由贸易港区、投资免税区（如开曼群岛、维尔京群岛）等，全球现已设立“境内关外”1200多个，大陆于2003年在上海外高桥设立第一个保税港区，台湾也在几个海空港设立了自由贸易港区。

不过，两岸此前进行的“境内关外”实践，基本在货物贸易范畴，模式是封关运作，而今后的**自贸区是经济全方位自由化，包括货物贸易、服务贸易、金融活动、产业投资等四个自由化。这四个自由化也是区域双边、多边自由经济的发展目标，“境内关外”自由化是为了FTA自由化与区域多边自由化。**

自由之意涵：从政策开放到制度开放

对于“境内关外”的上海自贸区要做什么，许多企业界人士都不甚明了，感觉规定很模糊，这正是上海自贸区的特色——不是既定政策措施，而是明确目标之后的制度探索。那么，上海自贸区目标是什么？上海社科院世界经济研究所所长张幼文解读，上海自贸区基本思路是“以开放促改革”，它要打造中国经济对外开放的升级版，目标是国家从政策性开放探求制度性开放。

台湾中华经济研究院区域发展研究中心刘大年主任认为，上海自贸区除了市场开放之外，更重要在于制度改革，重点要解除管制，如国企透明化，特别是TPP、RCEP强调制度开放，对大陆构成很大压力。

台湾工业总会副秘书长蔡宏明表示，上海自贸区制度开放源于三大压力：一、2001年大陆入世后改革上千项法规，市场开放带来经济持续成长，而今过度依赖投资、人口红利消失、环境破坏严重，逼迫以深化开放倒逼继续改革；二、落实中美双边投资协议的承诺，美国要求中国改善外商投资环境，使之更自由更透明，投资由正面表列改为负面表列；三、TPP、RCEP协定不仅仅限于关税降低和服务市场开放，也包括国内法规与国际法规接轨。

所以，上海自贸区率先在大陆对外资实行负面表列，列出190项负面投资清单，约占总投资项目18%，清单以外项目外资均可进入。张幼文所长解释，由于正处在转型期，上海自贸区实行正面、负面清单并列，正面清单表现为鼓励投资6大类服务业（金融、航运、商贸、专业、文化、社会）18个产业23个领域。

190项负面清单有效期到2013年年底，以后将逐年减少清单项目。为配套负面清单新举，企业投资由审批制改为备案制，由事先审批改为事后监管，“小政府、大市场”对政府管理提出新要求，迫使行政管理大松绑、大开放。自由贸易协定（FTA）

投资开放水平通常达到9成，上海自贸区已有82%项目对外开放，已接近FTA水准。台湾大学经济系教授林建甫评价称，**负面清单是上海自贸区最重要的制度开放，负面表列之后政府干预减少了，企业交易成本降低了，有利于民企和外企。**

上海自贸区包括洋山保税港区、外高桥保税区、外高桥保税物流园区、浦东机场综合保税区等4个海关特殊监管区域，面积仅28.78平方公里。蔡宏明称，这么小的地方重点不是以租税优惠吸引外商投资，而是制度创新与开放，摸索经验，为将来复制、推广到其他地区做准备。

相比之下，台湾自经区的制度开放力度不大，只是在自由贸易港区基础上稍加修改，沿袭了租税优惠、吸引投资的思路。中华经济研究院副院长王健全介绍，自经区分两阶段推进：第一阶段是当局规划六港一空，开放四大服务业智慧运筹（即电子物流）、农产加值、产业合作、国际医疗，第二阶段再增设新区域、增加新产业，并实行一系列税收优惠——海外人才免报海外所得，前三年薪资半数免税；海外盈余入区投资免税；研发支出一定额度3年租税优惠；设营运总部投资3年内企业所得税优惠等。第二阶段须等"立法院"通过特别条例后才能上路。

台湾前"立委"雷倩解读说，本世纪以来台湾面临严重的产业空洞化，因为服务主体消失了，海空运、金融、法律、会计等服务业都随之下沉，因而自经区除了吸引高端服务业入驻，还肩负吸引高端制造业入驻的使命，这是有别于上海自贸区之处。

自由之效应：开放倒逼改革，释放活力

上海自贸区"横空出世"，给台湾以极大震憾！王健全副院长称为"石破天惊"。林建甫教授称，**上海自贸区只是起点，如同当年深圳点燃市场经济第一把火，上海点燃了自由经济第一把火，紧接着深圳前海、珠海横琴、天津滨海、厦门等地，都将纷纷建设自贸区。**仅在上海自贸区挂牌一个半月之后，厦门也已宣示要申设自贸区。

上海自贸区这个弹丸之地，对大陆经济总量带来的影响无疑是微乎其微的，但它带来的经济改革效应则是难以估量！台湾政治大学财政学系主任黄智聪说，上海自贸区是大陆30多年前设立经济特区以来最大规模的经济改革，假如试验成功并扩至大陆，这是大陆经济改革的巨大成功，有助大陆从经济大国转为经济强国。

唐永红所长表示，**大陆经过 30 多年经济高速发展，从封闭经济走向开放经济，从计划经济走向市场经济，然而在此过程中积累了诸多问题，权力进入市场，贫富分化严重。由于财富分配不均，社会有效需求受到压制，2008 年全球金融海啸后大陆经济增速一下跌落下来，几乎遭到腰斩，表明大陆经济持续发展遇到问题。**

如何让大陆经济持续稳步向前？唯有通过自由化再注新动力，可是自由化探索过程充满不确定性，便沿袭“摸石头过河”试点方式，让上海打头阵，谱写大陆经贸自由化的前奏曲。从这个意义上说，上海自贸区不同于经济特区，经济特区是特殊区域实行特殊政策，而上海自贸区试验成功后要推广开来，其目的是为了将来没有试验区。

上海社科院院长王战认为，**经济特区实行单向的外商投资优惠，自贸区却是为了创造双向投资便利化，既方便外资进入，也打造与国际接轨的投资环境，创造条件让陆资走出去。**唐永红说，如果有更多民营中小企业到海外投资，一来可以消除大块头央企收购海外资源矿产引发的恐惧感，二来中小企业在海外主要从事制造业，产品就地销售，可避免大陆产品大量出口而引发的贸易摩擦。

张幼文概括了上海自贸区将产生几大效应：从降低关税升级为优化贸易，培育贸易新业态（如电子商务），增加在全球贸易中的话语权；从自由贸易升级为投资促进，投资负面表列，审批制改为备案制；从制造业升级为服务业，新增重点是现代服务业。

大陆因市场化而成就了 30 年经济神话，能否因自由化再造 30 年经济奇迹？唐永红预测，一旦整个大陆向自贸区迈进，大陆未来可能成为国际航运、物流中心，乃至世界经济中心。黄智聪预期，上海自贸区将会提升上海成为全球金融、贸易与物流中心。上海自贸区定位明确，潜力可期，反观台湾自经区诉求不明，定位模糊，台湾面临大陆竞争压力会与日俱增。台湾“国票金控”董事长魏启林坦言，自经区有关租税优惠及松绑人流金流部分，有待于“立法院”通过特别条例，在台湾当前的“立法”生态下，要想有大刀阔斧的举措，非常困难！

大陆在上海自贸区展现出来的格局、战略及效率，给林建甫很大震撼，他认为与上海自贸区相比，台湾自经区不止慢了一步。“若等上海自由化发展成形，台湾只能等着被边缘化，台湾必须加紧步伐，否则良机一去不返！”他强调。

自由之挑战：台湾面临大陆“磁吸效应”

林建甫形象比喻，上海自贸区在跑步，台湾自经区却在走碎步。2013 年 1 月，上海正式向中央提交自贸区试点方案，3 月李克强总理指示上海应积极探索，从国家层面推进，7 月国务院会议通过整体方案，9 月挂牌上路。上海自贸区从媒体公开讨论到正式挂牌上路，仅短短数月；而台湾自经区在 2011 年提出，到 2013 年 8 月才启动第一阶段。

台湾前“立委”雷倩说，**台湾具有先进性、国际观的消费市场，拥有充沛的研发、创意和设计资源，是先驱市场；大陆从来是规模市场，纵深极为深厚，前端有丰沛的生产资源，后端有极大的消费市场。从大结构来看，台湾轻巧灵动、创意创新，这种先驱市场与大陆规模市场的互补性明显。如今大陆在上海推自贸区，当上海与全球直接接轨时，自然会越过像台湾这样的中介先驱市场，台湾自然受到威胁。**

雷倩表示，**当大陆多个地方多个层次与国际制度接轨，必将对台湾、香港等周边地区构成挑战，台湾如果在这波自由化浪潮中无法脱颖而出，无法有效重建制造业基础和增加服务业基础，台湾的成长力道就会江河日下，从亚洲经济前段班落到中段班，甚至沦为中后段班。**

台湾“国策研究院”执行长林文程认为，上海自贸区首当其冲影响到的是香港，自贸区在大陆推广成功后，台湾才会式微。这是因为，**大型经济体通常会对小型经济体产生“磁吸效应”，如同西西里岛被意大利磁吸，波多黎各被美国磁吸，澎湖列岛被台湾本岛磁吸。小型经济体如果要避免被磁吸的命运，唯一出路是比大型经济体更加自由化，例如开曼群岛、维尔京群岛，以免税优惠成为全球投资者的乐园。**

黄智聪称，上海自贸区服务业高度开放，并有广阔内需市场，会削弱台湾自经区对外商的吸引力。航运自由化是上海自贸区的六大开放重点之一，提高了外资在合资船舶运输企业的参股比重，陆资公司可拥有或控股非五星旗船舶，上海国际贸易航运中心地位将更显要，从而影响台湾自经区的货柜中转业务，使高雄、基隆港进一步被边缘化。

黄智聪还称，上海自贸区投资松绑，将吸引大批外商前往设立营运总部，原本设在台湾的跨国公司也会把核心业务转移过去，降低台湾成为亚太营运中心的能力。不过雷倩对此持不同观点，她认为在 20 世纪 90 年代中期之后，跨国公司总部就很少设在台湾了，所以大公司亚洲总部挪移对台湾没多大影响，这些总部会更多从香港或新加坡等地转移。

上海自贸区开放离岸金融业务，或将挤压台湾发展人民币离岸中心的空间。黄智聪说，自贸区推动人民币自由兑换，有利于台湾银行业国际金融业务分行（OBU）的业务提升，但是上海国际金融中心国际竞争力大增后，许多外资银行直接入驻自贸区，台湾银行业欲透过 ECFA 成为外商进入大陆市场的跳板，以达到台湾成为亚太财富管理与筹资中心的目标更加困难。

台湾《商业周刊》更是发出危言：上海自贸区试验成功，台湾银行业会倒一半！魏启林董事长称，上海自贸区一旦设立上海证交所台港澳分所，台湾资本市场会随之式微。

然而，这正是自由经济的铁律！没有竞争就没有竞争力。台湾被困于“台湾特色民主”之中，民粹思潮泛滥，防弊有余，开放不足，特别对大陆资金尤其戒备。即使在自经区内，陆资最多也只能比照 WTO 待遇，而外资却迈向 FTA 与 TPP 待遇。

刘大年指出，**自经区对陆资一套标准，对外资一套标准，可是自经区是为了与全球经济开放接轨，TPP、RCEP 这些经济组织有统一的开放标准，届时大陆与台湾都加入其中的话，台湾向大陆开放的标准就必须与开放给其他经济体的标准一样。他说，台湾向大陆开放的一条线，应该和向世界开放的那条线越靠越近，不能够像现在采取的向全球“积极开放”，而对大陆“小心谨慎”，两条线如果越隔越远，非常不利于台湾参与区域经济合作组织。**

自由之转机：两岸竞合中找到产业互补优势

雷倩希望上海快速的动作，能够成为台湾的刺激，使其快速排除政治障碍，向大陆敞开胸怀，建设更自由开放的投资环境。她建议**台湾要不断找到自己的竞争优势，并升级竞争优势，当大陆打开上海这扇窗口与世界接轨时，台湾唯有强化自身的轻巧灵动、创意创新这一出路，才可避免被磁吸命运。**

在全球化时代的供应链体系里面，所有经济体之间存在纵向（上中下游）或者横向（产业类别）的互补关系。例如中印从经济规模来看是竞争的，但印度没有如中国庞大的基础制造工业，印度新兴消费者所需的物美价廉产品，只有中国才是最合理的来源。所以，每个经济体之间应当做专业分工，强化互补性。

就两岸关系来说，王健全认为双方就像鳗鱼与鲶鱼的关系。以前台湾人把鳗鱼卖到日本，因为路途颠簸，九成鳗鱼都会在路上死掉，后来放入几条鲶鱼“刺激”那些鳗鱼，结果九成鳗鱼都活下来了。“台湾就像鲶鱼，大陆是鳗鱼，两岸应当合作起来。”反之，上海自贸区也对台湾自经区产生竞争压力，促使台湾经济加快自身开放与提升。

林建甫认为两岸在金融领域合作大有可为。金融开放是上海自贸区六大重点的首要重点，但是大陆至今实行“双元汇率”，影子银行、地方融资平台导致高利贷普遍，“这是相当可耻的”。因此，一方面货币严重超发，另一方面居然还闹钱荒，因为钱被绑架到房地产等不能动的地方了。林建甫建议上海自贸区要“借东风”，借助台湾金融机构扶持中小企业，也为自贸区金融将来高度开放“操练兵马”。

林建甫表示，上海要想成为与纽约、伦敦、香港同等级的国际金融中心，需要解除相当多管制。自贸区提出了人民币自由汇兑、人民币跨境使用、利率自由化等三个开放重点，单单一个人民币兑换问题就足以拖住整个进程，更不用说人民币跨境使用、利率自由化了。全球自贸区均没有外汇管制，只有上海自贸区有，另外利率市场化最关键的存款利率上限至今没取消。

台湾在20世纪80年代取消存放款利率管制，1987年解除外汇管制，1990年代初开放民营银行，台湾金融界制度、管理与国际接轨时间早，银行和担保、融资、租赁等非银行金融机构在大陆比外资银行有较强适应能力。林建甫强调，上海自贸区要实现金融改革目标，需要发展更多市场避险工具，金融市场必须更自由。台湾在国际市场早走了几十年，金融工具发展成熟，大陆应该引入台金融业的新观念和竞争机制。

黄智聪表示台湾应当积极调整产业发展策略，让医疗、文创、连锁加盟等优势产业投资自贸区，把台湾打造成为亚太人才培训基地，为上海自贸区输送人才，让上海自贸区变成台湾产业提升的踏脚石。同时，台湾自经区在不损及台湾农业发展前提下，大幅开放大陆原物料及农产品进口，加工后贴上“台湾制造”品牌出口，提升台湾农业竞争力。

黄智聪说，大陆在设立自贸区的中央与地方分工合作高效做法，值得台湾自经区学习，自经区应在台当局规划推动下，部分交由地方政府自行提出规划并参与推动，减少当局负担，加速推动进程。

第二章
一波三折的台经济特区之路

四面环海的台湾岛，吹拂着来自太平洋的风，这种地理环境，造成外向型经济几乎是台湾的宿命。数十年来，台湾的几次经济特区实践，都与全球脉动息息相关，经济特区成效完全取决于对外开放程度大小。

2013年8月8日，台湾自由经济示范区正式上路，分两阶段实施：第一阶段在现有的“六海一空”自由贸易港区基础上，以港区为“前店”，以附近的工业区、科技园区、加工出口区等为“后厂”，连接“前店”与“后厂”，功能从原有港区的自由贸易扩及自由投资、自由金融以及人员自由往来等；第二阶段是台“立法院”通过自由经济示范区特别条例，全台各县市可向当局申设自由经济示范区。

自由经济示范区是马英九“黄金十年”活力经济的主轴，这个类似“经济特区”的试验，在马英九竞选首任“总统”时就提出，马“总统”第二任就职典礼时强调要通过自由经济示范区这个“自由化橱窗”，把台湾打造成自由贸易岛。

经济特区是一个开放窗口，从这儿吹送出来的风，曾经深刻改变了大陆的经济生态，使大陆经济开放从几个特区窗口，扩散到沿海一线，再由东往中往西依序递进，为大陆30多年来的经济奇迹打下了根基。在台湾经济的开放历程中，没有出现“经济特区”一词，不过类似实践一直在延续着，并影响着未来。

四次特区实践，两次经济飞跃

1966 年，时任台“经济部长”的李国鼎催生了高雄加工出口区，这是台湾最早的“经济特区”。20 世纪 80 年代，台湾经济雄踞“亚洲四小龙”之首，正是得益于台湾的加工出口模式。这模式造就了高度外向型经济，使台湾深度融入全球经济体系之中，该模式并影响到大陆改革开放以来的经济发展模式。

1980 年，新竹科学园区诞生，使台湾搭上全球半导体产业的发展浪潮，这是台湾的第二次经济特区实践。因为这次实践，带动了台湾产业从传统制造业向高科技产业的升级，为台湾成为全球“电子代工王国”奠定了坚实基础。两次特区实践，促成了台湾经济的两次飞跃。

1995 年，厦门大学台研所最早提出“海西经济特区”概念，当时台当局高层连战、萧万长、江丙坤和台塑创始人王永庆都积极响应，大力推动“经贸特区”。经贸特区拟包括云林县的麦寮工业区、嘉义县的离岛工业区、彰化县的彰滨工业区，把三个工业区整合起来，以台中港为门户，与“海西经济特区”对接。

不过在第二年，李登辉刚选上“总统”后即紧急喊停，宣布两岸经贸要“戒急用忍”，从此连战、萧万长、江丙坤不再提“经贸特区”一词，这次特区摸索就这样胎死腹中。

2005 年，台湾开始设立自由贸易港区，它类似于大陆的保税港区，这是台湾第三次设立的“经济特区”。目前，台湾已有多个自贸港区，包括宜兰苏澳港、基隆港、台北港、台中港、高雄港、台南安平港，以及桃园机场，即“六海一空”。自贸港区主要功能在货物贸易的自由流通上，强调物流、仓储服务便捷化。起初受限于两岸尚未直航，2008 年两岸直航以后却碰上全球金融海啸、欧债危机等剧变，全球出口大幅收缩，很大程度影响了自由贸易港区作用的发挥。

2008 年马英九竞选首任“总统”时，提出要重启“经贸特区”，2010 年易名为“经贸营运特区”。厦门大学台湾研究院经济所所长唐永红表示，马英九首任的“经贸特区”，规划以优惠的税收、用地、用工政策，以及便利的人力、货物流动，来吸引台资回流和外资入驻，这与大陆经济特区主要“吸引外资”的功能有所不同。

2012 年马英九在“总统”第二任就职演说中表示，规划设立自由经济示范区，这是台湾迈向自由贸易岛的关键一步。唐永红解释，**与自由贸易港区相比，自由经济示范区面积更大、功能更多元，自由贸易港区只是港口的一小部分，自由经济示范区则可扩大至整个港口城市，功能上也从货物贸易扩大到服务贸易、投资、金融自由。**

“自由”尺度，拿捏颇费思量

2012年5月20日，马英九在“总统”第二任就职演讲中说，台湾要从五大支柱提升竞争力，让台湾在接下来四年脱胎换骨、迈向幸福；其中，强化经济成长动能是提升台湾竞争力的第一大支柱，而经济动能的核心，在于经济环境自由化。

马英九在竞选第二任“总统”期间，提出“黄金十年”规划，把建立自由经济示范区作为重大经济建设方案，此事交由“经建会”主导推动。不过，这一重大经济建设方案规划内容多次调整，2012年有 “尹启铭版本”，2013年有“管中闵版本”，示范区如何“自由”，可谓各说各话。

2012年，时任“经建会主委”尹启铭推出的方案，规划要把自由经济示范区建成亚太产业创新整合中心、国际物流中心、国际人才培训中心、亚洲重症与观光医疗中心、农产品加值运销中心等五大中心，选址高雄进行试验。

2013年2月，管中闵接任“经建会主委”，立马对前任方案进行大幅调整，五大中心砍掉国际人才培训中心，合并国际物流中心、农产品加值运销中心。至于试验地，管中闵在台湾北、中、南“多点出击”，并且“每个地方特性不完全一样”。

对于示范区重点产业，管中闵强调不排除制造业，但最重要的是高端服务业，突出“服务业试验区”概念，示范区以扩大与升级现有自由贸易港区作为基础。对于示范区如何实现“自由经济”，尹启铭的思路是，区内人流、金流、物流要高度便捷，各类生产要素自由化后结合台湾产业、人文、地理优势，推动台湾成为亚太自由经贸中心。

自由经济示范区的本质在于“境内关外”，以特别优惠的用地、用工、融资、税收政策，促进人流、物流、金流、资讯流自由流动，来吸引资金入驻。台湾中华经济研究院副院长王健全认为，**台湾自由经济示范区应具备三个特点：自由流动，包括人才流、货物流、资金流、信息流等“四流”；市场开放，向陆资在内的外资**

开放；国际接轨，租税、融资环境与国际看齐。

王健全介绍，自由经济示范区集中在四大领域：智慧运筹、国际医疗、农产加值、产业合作。示范区内制造业陆资比照外资，服务业陆资则低于 WTO 待遇。至于产业合作部分，许多内容仍处在盲人摸象阶段，每人摸到部位各不相同，没有一个定论。

全球梦想，从示范区到自贸岛

“我有一个梦想，就是台湾能成为自由贸易地区！”台湾电电公会理事长、金仁宝集团董事长许胜雄曾深情地表示。

没有人会比商人更深切体会到全球化给台湾带来的好处。宏碁电脑创始人施振荣说，台湾素质最高的是医生，可他们的收入远不及电子新贵，原因就出在台湾电子新贵的产品和服务行销全球，而医生只服务台湾市场，这就是全球市场带来的好处。

特别在“东盟 10+6”一体化日渐成形的今天，台湾被边缘化的焦虑感与日俱增，马英九一直念兹在兹要把台湾建成亚太营运中心，迫切让台湾借此融入区域经济一体化，进而融入经济全球化。

台湾正面临日益严峻的全球竞争环境。在全球贸易版图当中，这十几年来，台湾贸易权重逐年下降。作为台湾经济最主要的竞争对手韩国，与美国的自由贸易协定已在 2012 年 3 月生效，中国大陆与日、韩的自由贸易协定谈判也在 2013 展开了磋商。

近年来，两岸贸易金额逐年递增，但两岸贸易在大陆外贸中的比重逐年下降，相反，大陆对韩贸易在大陆外贸版图中的分量却在加重，这引起了台湾的高度焦虑。中国大陆与韩国一旦完成自由贸易协议的签署，台湾绝大部分出口产品将受到韩国冲击。

全球经济重心正快速向亚洲移动，台湾必须改变保护主义思维，打造一个真正自由开放、与国际接轨的经济环境。要想实现经济自由化，一定得将台湾打造成“自由贸易岛”，马英九在两次竞选“总统”时均提出该主张。

唐永红所长称，**台湾是典型的岛屿经济，腹地很小、资源很少，只有朝自由经济的方向发展，政策上形成“磁吸地”，才能吸引全球投资人的目光，否则很容**

易被边缘化。

“香港向全球开放，所以成为全球最自由经济区，吸引了全球商人，台湾应该朝香港方向努力。”唐永红表示，香港的贸易、投资、金融往来高度自由，然而它是一个城市，台湾情况则复杂得多，岛屿面积较大，南北经济差距大，自由贸易很难一步到位，需要分阶段、分地域做起。同时，台湾的产业门类繁多，如果一步到位学习香港，必将面临巨大的产业冲击。因此，要先搞自由经济示范区，通过示范区在租税、用工、物流等方面积累经验。

马英九希望高雄能扮演示范区的“火车头”角色，打造成全台自由经济示范区的范本。台湾经济北强南弱，如果高雄能以自由经济示范区为契机，重振世界大港雄风，就能对台湾南部经济产生巨大辐射力、拉动力，缩小南北差距。

“数百年来，台湾都是外向型经济，在经济全球化的今天，台湾应当以ECFA《两岸经济合作框架协议》为契机，成为外商进入大陆的平台，以及陆商走向全球的平台，使台湾经济深度融合于全球经济大潮中。”金仁宝董事长许胜雄称。

拥抱陆资，成为大陆对外门户

然而，时至今日，台当局对陆资一直抱持十分矛盾的心态：一方面岛内经济活力不足，公共建设没钱，急需陆资驰援；另一方面恐惧“巨无霸”陆资闯入之后，会来个“木马屠城”，冲垮岛内诸多产业，伤害台湾经济安全。

这种心态在绿营势力的炒作之下，变得更加谨慎保守，防弊有余，开放不足，使得陆资几年来在岛内一直裹小脚前行。这种状况如果不改，将很大程度影响台湾自由经济示范区的实施，以及未来迈向自由贸易岛。

当前台当局规划的自由经济示范区，希望以“特别法”方式，排除现有“法律”限制，大幅松绑政策，实现示范区“境内关外”的特殊待遇，使得人员、资金、货物在区内自由流通。

然而，目前方案仍对陆资与外资给予了差别待遇。自由经济示范区内，国际医疗部分禁止陆资进入，农产加值部分规定大陆原物料生产的商品不能在台销售，并且限制陆劳进入区内，所以自由经济示范区对陆资来说并不“自由”。

中国社会科学院台湾研究所王建民研究员介绍，示范区将给予外资“超WTO待遇”，给予陆资则是“WTO正常化待遇”。“这样的特区，还能吸引陆资吗？”王建民批评称，在两岸经贸往来中，大陆在对待台资与外资政策上，台资享受“同等优先、适当放宽”待遇，还制订专门保护台商权益的法律；台当局对陆资却总是“另眼看待”，陆资矮人一截，这值得深刻检讨。

造成陆资在岛内不平等待遇的一个重要原因，是民进党的竭力阻挠。在岛内蓝绿势力“你死我活”的政治生态中，执政党要推行的政策，几乎都会遭遇反对党的呛声、杯葛、抗议。民进党“立法院”党团召集人柯建铭就宣称，自由经济示范区“松绑资金、外籍劳工与租税优惠”，目的是“配合大陆资金”。

如今，世界经济重心往亚洲转移，而亚洲经济重心往中国大陆转移，在这一世界格局的大变动中，马英九提出要连接大陆、融入亚洲、走向世界的战略，一改李登辉、陈水扁时期对大陆封锁往来的政策。

但是，与大陆经贸往来时，台湾的“保护主义”依然根深蒂固。举例说，台湾所有货物都可卖到大陆，而大陆的货物约有两成（2200多项）至今不能卖到台湾，其中约830项农产品不能销往台湾，占农产品总数的近四成。马英九从2008年执政以来到2013年底，没有新增开放一项大陆农产品进口。

《远见》杂志创始人高希均称，一个以外贸为主的台湾，居然一直可以靠两面手法生存——输出时要贸易自由，进口时则设有种种限制。台湾前“国安会秘书长”苏起指出：“保护主义是全台湾很大的问题，对长远政经发展非常不利。”

台湾“半导体之父”张忠谋也曾表示，台湾经济最大罩门是缺乏对外开放，过去20多年台湾与成为大陆对外门户的契机擦身而过，台湾应当仿效香港成为大陆门户。

ECFA为台湾成为大陆门户创造了历史机遇。许胜雄说，ECFA使台湾成为一个重要平台：一方面由于对大陆投资环境较陌生，许多外商会选择从台湾进入大陆市场；一方面大陆企业由于对外面的投资环境较陌生，很多也会从台湾进入全球市场。

机遇女神已经频向台湾招手，台湾能否把握机遇、抱住女神，取决于能否驱除“保护主义”心魔。只有挥别心魔，台湾才有自由经济的土壤，才有自由贸易岛的春天！

第三章
“金”钥匙开启海西对接台湾之门

作为两岸相隔最近的海上双城，在波涛翻滚的台湾海峡间，厦门金门似乎在拉着两根长长的线，把两岸紧紧牵连起来。今后海西对接台湾，金门仍是最理想的突破口。

2013年7月6日，周六，正值酷暑时节。金门县长李沃士可没闲着，在厦门椰风寨主持完厦金横渡开游仪式之后，立马奔赴厦门大学参加一个两岸区域合作论坛，该论坛聚焦于海西与台湾的区域合作上。

李沃士先是播放了十几分钟的金门形象宣传片，然后发给每位与会嘉宾一本《金门赞地》宣传册，他幽默地说：“过去金门是战地，如今是赞地，请大家给金门按一个赞！”

金门“连接厦门”的冲动向来强烈，除了厦门的地缘因素之外，厦门不断增强的“磁吸效应”也是重要原因，特别是当前厦漳泉推进同城化建设，金门也想融入其中，李沃士特别强调了现阶段融入厦漳泉同城化的几大设想。

以往，在两岸人员交流进程中，金门扮演了排头兵角色，厦金航线成为两岸人员往来的黄金水道；今后，在两岸经济融合过程中，金门仍将扮演排头兵角色，

它是开启海西与台湾合作之门的“金”钥匙。

厦金航线边缘化，金门很忧心

金门历任县长都十分重视与厦门搞好关系，可是在这两年，李沃士县长比起前几任，更多了几分“只争朝夕”的紧迫感。

2001年，厦金间通航，每年运载旅客量高速成长，厦金航线不仅开创了“三通”先河，也是“三通”的最重要航线。然而，厦金航线涨势在2012年走到了拐点，这年载客量首次逆成长，同比减少百分之一点多；2013年前5月，同比减少11%。

金门大学国际暨大陆事务学系主任邱垂正以为，厦金航线边缘化最主要原因是两岸“三通”迅速壮大，从2008年两岸开启“三通”至2013年上半年，两岸海上直航港口已达80个，空中直航航点达到64个，每周空中直航600多班次。

两岸“三通”对厦金航线产生了替代效应，原先两岸无法直航，往来要绕道香港，许多民众选择快速便捷的厦金航线，如今两岸到处可直接对飞，厦金航线便捷优势丧失。所以，2013年前5月，走厦金航线的陆客减少27%，而同期陆客赴台总数却增长了18%。

金门因为远离台湾岛，不易受台湾经济辐射，必须利用厦门的地理优势，拓展大陆广阔腹地，连接大陆商机，而金门经济借力厦门的前提是改善厦金交通，水路做大做强厦金航线，陆路则要建厦金大桥。

邱垂正说，**在两岸人流、金流、物流、信息流方面，金门最有条件做的是两岸人员流动，现今人流量巨幅下跌，金门百姓对此忧心忡忡，希望透过政策予以加持。**2013年6月海峡论坛推出新政，暂住厦门的大陆居民赴金一日游延长至二日游，同月两岸两会达成大陆供水金门共识，对金门经济来说都是强心针。

海西送秋波，台湾冷冰冰

金门很想得到大陆的政策加持，特别是得到海西经济区的关爱眼神。可是，海西经济区却“心怀台湾”，一心想着跟整个台湾对接，近年来重点推出平潭综合

改革实验区，想以此为最主要抓手，紧握住彼岸的手。

但实际情况不如人愿。截至2013年上半年，海西在平潭实验区已砸入200多亿美元，仅吸引来约百家台企投资额3亿多美元。台湾竞争力论坛执行长谢明辉指出，海西与台湾对接，台当局的态度冷冰冰。海西伸出热情的手，台湾却以冰冷的脸相迎。

为何会如此？台湾中华经济研究院副院长王健全观察，**台湾不敢与海西对接，因为怕被“矮化”，所以就以自由经济示范区跟海西经济区对接，两岸由“特区”相对接，“在政治上比较正确”，如果台湾跟海西对接，“首先在政治上就不正确了”。**

台湾经济研究院国际处副处长吴福成直指，海西产业水平、综合竞争力处于大陆的中段班，海西经济总量小、腹地小，据台湾学术机构报告，在中国—东盟自贸区框架下，海西生产能力受冲击幅度很大，这种状况不容易说服台湾与之合作。他说，海西经济如果能“超珠（三角）赶长（三角）”，台湾企业界自然蜂拥而来，企业是非常现实的。

吴福成进一步称，现实情况海西对接台湾是不可能的，以平潭为主要抓手对接台湾也是不足取的，**虽然平潭距台湾本岛最近，但是相当多台湾人认为平潭是“一国两制”试验田，反弹很大；同时，平潭受制于台风频发、水资源匮乏、硬件落后等因素，台湾业界兴趣低。**

“厦门、平潭是一只鸟的两个翅膀，这样海西才会飞得稳，闽台合作才会巩固。”吴福成强调。因此，海西仍应重点发挥厦门在对台合作上的独特作用，而厦门对台合作，金门是最合适的一把钥匙。

厦金感情深，合作可期待

邱垂正讲述了一个小故事。一天他在酒店大堂看到一个小女孩对着镜子跳舞，越跳越贴近镜子，最后脸贴在了镜子上面。邱垂正好奇地询问，女孩回答说，在镜子里能看到自己下一步将要做什么动作，心里很喜欢。

邱垂正有所启发，觉得女孩忘乎所以地对着镜子跳舞，最主要动力是“可期待性”，她知道下一步将会看到哪个优美舞姿。厦金合作也是如此，若想双方有动力，必须有“可期待性”，知道什么阶段将看到什么结果。

相比平潭对接台湾的茫然与不确定性，厦金合作就会具体而明确得多。厦金历史上同属于同安县，“金不离同，同不离金”，历史渊源深厚，长期形成了共同生活圈。上世纪初，厦金才结束了同属一县的历史，但共同生活圈仍在延续。直至1949年后厦金生活圈才被迫中断，进入了数十年对峙期，“金门厦门门对门，大炮小炮炮打炮”。

新世纪厦金航线启航后，两地民众恢复了热络往来，金门民众在厦购房置业成为风气，厦金生活圈成为热议话题。厦门大学台湾研究院邓利娟教授给出厦金合作的路线图：修建厦金大桥，福建向金门供水供电，打造厦金经贸圈，形成厦金生活圈，最后是两地共建自由贸易区。

按照这个路径，阻力主要来自台湾当局。以厦金大桥为例，台湾内部不少观点担心大桥建成后，“金门就跟厦门统一了”。再如福建供水金门，福建和金门都很积极，然而台当局消极对待，至今福建水无法解金门渴。

邓利娟称，厦金深度合作离不开两岸高层支持，可考虑把该议题纳入ECFA后续协商，两岸先把厦金各自列为单边自贸区，待条件成熟时打通成统一自贸区。

从厦金生活圈到厦漳泉金同城化

厦金建设自贸区是远期目标，两岸学者认为近期应该以厦漳泉同城化为契机，先推动厦金同城化（包括厦金经贸圈和生活圈内涵），进而形成厦漳泉金同城化。

厦大台研院经济所副教授石正方称，同城化指打破市场壁垒，盘活资源，把厦漳泉整成一个大都市区，具体包括发展规划、基础设施、公共服务、产业发展、要素市场等同城化，从而实现社会、经济、文化一体化。2012年厦漳泉同城化推出了近20个项目，2013年再推约40个项目。石正方建议，金门可沿循厦漳泉同城化路径，以项目带动部门合作，先跟厦门进行同城化，再扩展至四城同城化。

李沃士县长透露，金门应在厦漳泉同城化中扮演角色，现阶段主要开展如下合作：一、文化交流，厦金共同以闽南文化、战地文化申请世遗；二、观光旅游，鼓励在三城的游客路线延伸到金门；三、基础建设，水电、机场共建，港区共用；四、人才教育合作；五、医疗资源共享。

谢明辉表示，厦漳泉金经贸生活圈有1400万常住人口，加上外来人口可达2000万，金门经济如果由此蒸蒸日上，就有足够说服力向台湾说明对接海西的好处。他强调，海西要想与台湾成功对接，双方一定要进行良好的沟通，而这把沟通之匙是金门，台湾会看着金门对接海西究竟得到了什么好处。

四城同城化之后，厦金将在经合之路上更进一步——共建厦金自由贸易区，这也是两岸共同市场之路上的先行先试。

从厦金自贸区到两岸共同市场

近年来，无论在不同经济体之间，还是在一个经济体内，自由贸易区呈现出蓬勃发展势头。2013年7月3日，国务院常务会议原则通过《上海自由贸易试验区总体方案》，在上海外高桥保税区等4个海关特殊监管区域内，建设上海自由贸易试验区。另据透露，平潭综合改革实验区也力争要从海关特殊监管区过渡到自由贸易区。

如果厦金共建自由贸易区，则又是一种全新的尝试，它有别于在经济体之上的自由贸易区（如中国—东盟自由贸易区），也别于一个经济体内的自由贸易区（如上海自由贸易区）。福建社科院亚太经济研究所助理研究员王媛媛称，**厦金自贸区虽是一种跨境经济合作区，但不同于经济体之间的区域整合，它是一种次区域经济整合，但是它又不同于长三角、珠三角这种次区域经济整合。**

王媛媛分析了厦金发展跨境经济合作的优势：两地地理相近，人文相通，经贸往来有一定基础，互补性强，所以两地有条件封关运作、协同发展，实施贸易、投资、金融、人员自由流动的特殊政策。

厦门大学台研院经济所所长唐永红表示，**厦金本身没什么资源，适合发展外向型经济，可是由于两地距离太近，各自发展很容易过度竞争，必须一体化发展，先建单边自主的自由贸易区，再连接成一体的自贸区，最后形成厦金共同市场。**

厦金共同市场一旦形成，将是两岸共同市场的积极实践。两岸共同市场于2000年由萧万长提出，其借鉴了欧盟发展经验。厦门大学两岸金融研究中心主任庄宗明介绍，欧盟从1951起建设，1957年结成自贸区内涵的欧共体，1968年形成关税同盟，成了共同市场，共同市场之后是经济同盟（也称货币同盟）。两岸缔结货币同盟之日，就是两岸经济一体化终极目标实现之日。

更远的期待：从自贸区到政治特区

作为两岸相隔最近的海上双城，在波涛翻滚的台湾海峡间，厦门金门似乎在拉着两根长长的线，把两岸紧紧牵连起来。从冷战后大陆首个对台经济特区厦门，到两岸首次签署的协议《金门协议》，到厦金首航，再到海西20城居民赴金自由行、暂住厦门的大陆民众赴金个人游等，厦金扮演了相当吃重的试验角色。

将来，这种试验功能不该减弱，而应增强。厦金合作之意涵，不仅体现于经济层面，更体现于政治层面。两岸政治融合难度远大于经济融合，这正是厦金试验的广阔空间。

早在2008年4月的台湾竞争力论坛上，谢明辉首次提出“厦金特区”（或称金厦特区）概念。他说，海峡两岸合作，需要寻找一个杠杆、一个支点来撬动，而这个杠杆、支点就是厦金特区。

中国社科院台湾研究所王建民研究员表示，特区通常包括三种情况：特别行政区（如香港、澳门），经济特区（如厦门、深圳），综合改革试验区（如上海浦东、天津滨海、福建平潭），厦金特区该属于哪一种，或者不属于上面三种的任何一种？

王建民表示，厦金特区可从三方面来考虑：首先成为两岸经济合作实验区（如厦金共同市场），其次成为两岸社会一体化实验区，最后成为两岸和平实验区。总体思路是立足经济，放眼政治；立足合作，放眼统合。

台湾竞争力论坛理事长彭锦鹏也赞同，厦金特区是两岸政治、经济、社会、生活结合的试点。两岸统合学会理事长张亚中认为，厦金特区最重要意义在政治层面，它将为中华民族统一作出重要贡献。

当然，厦金特区这一步很遥远，只能一步步来。张亚中感慨地说：“厦金特区就先从建厦金大桥开始吧！有了桥才有想象，有了桥才不会有距离的感觉。来回多跑几趟，两地自然融为一体了。”

桥，一个多么美好的意象！她能化解人们的猜忌、隔膜，她能让敌人变成朋友，让天堑变成通途。厦金特区太遥远，厦金大桥“可期待”！

第四章
ECFA对台红利：一扇门、一座桥、一条路

ECFA好比两岸经贸合作大厦的框架，没有框架不成大楼，没有ECFA，两岸经合就只能永远停留在浅层面。台湾借ECFA深度连接大陆，不仅得到了大陆市场，也获得了全球自由经济的入场券。

2013年6月21日，第九次两岸两会签署了《两岸服务贸易协议》，这是ECFA（两岸经济合作框架协议）四大后续协议之中，继《两岸投资保障和促进协议》之后的又一重要进展。

2010年6月，两岸签署了ECFA，这是两岸首个制度性经济合作协议，两岸经济合作开始有了制度保障，具有里程碑意义。几年过去了，我们该如何看待ECFA已经带给台湾，或者将带给台湾的红利?

之一：打开大陆市场的一扇门

近两三年，台湾石斑鱼成了台湾农产出口大陆的明星产品。据台湾“农委会”统计，石斑鱼外销大陆数量由2010年的4159吨，增至2011年的7877吨，2012年更达12309吨；出口值相应由2010年的4206万美元，增至2011年的1亿204万美元，2012年达1亿3102万美元。

在ECFA早期收获清单中，台湾18项农渔产品入列，包括石斑鱼、虱目鱼、橙子等，其中虱目鱼外销大陆数量2010年仅16吨，2011年成长至913吨，2012年为906吨；出口值由2010年的7万美元增至2011年的248万美元，2012年达319万美元。

根据ECFA早期收获计划，这18项农渔产品出口大陆从2011年开始逐步降低关税，2012年销售额达到1.6亿美元，较2010年降税前增长近2倍。2013年这18项全部降为零关税，销售额随之更上台阶。

早收清单：最直接红利

上述的18项农渔产品，是ECFA早收清单的一小部分。ECFA在2010年6月29日签署，当年9月12日生效。根据该协议，从2011年起正式实施早期收获清单，这份清单分货物贸易和服务贸易两部分。

货物贸易部分，台湾出口到大陆的539项产品，以及大陆出口到台湾的267项产品，3年内（2011—2013年）分三阶段降到零关税。到2012年底，台湾出口大陆节省了41.7亿元人民币关税，大陆出口台湾节省了23.3亿元新台币关税。台湾得到的关税优惠大约是大陆所得的8倍。

以汽车零部件为例，ECFA之前大陆对汽车零部件进口课税6%—10%，台湾因为早收清单可以零关税出口汽车零部件到大陆，相当于比其他境外厂商少了6%—10%的成本。2012年前10月，台湾销往大陆的大型货车用车轮及其零件，同比增长15倍之多。

早收中的服务贸易部分，大陆向台湾开放了医院、银行、进口影片配额等11

个服务业领域，台湾向大陆开放了会议、展览、银行等 9 个领域。

早收清单是 ECFA 带给台湾的“开门红”，特别是台湾出口商拿到了实实在在的好处，并且这好处将会一年比一年多。

服贸协议：利好中小台商

大陆台商卢月香表示，ECFA 早收清单对于做出口生意的大企业帮助很大，但是对于台湾中小企业帮助不明显，而《两岸服务贸易协议》涉及两岸商贸、文化、餐饮、旅社等服务行业的互相开放，将对中小台商带来很大的实质帮助。

大陆台商曾钦照说，无论是早收清单中的大陆服务业开放项目（例如金融），还是服贸协议中的服务项目（例如印刷、出版、美容、洗衣等），这些项目其实在 ECFA 之前就有台商进入，但是这些台商当时要以海外第三地公司名义投资，不能以台商名义直接投资大陆。

ECFA 就把这些投资从地下转到地面，台商无需绕第三地转投资，通常来说，规模较大的台企比较具备海外设公司的条件，从而转投资大陆相关服务业。而中小台商无法在第三地转投资，所以 ECFA 的大陆服务领域开放，对台湾中小服务企业帮助最大。

零关税：好处“最大条”

有了 ECFA 这把钥匙，台湾业者不仅将打开大陆服务业之门，也将拓宽产品销售大陆渠道。现在实行早收清单中的货物关税优惠共 806 项，仅是两岸货物贸易总品项的零头，还不到总数的 1/10。2012 年台湾出口额 3000 多亿美元，其出口到大陆享受早收优惠的 539 项货物，出口值仅 160 亿美元，约占其总出口额的 5%。

ECFA 是两岸特色的自由贸易协议，根据全球通行的自由贸易协议，签约方绝大多数货物将实行零关税进出口。以中国 - 东盟自由贸易区为例，中国大陆出口东盟的 7000 多项货物，东盟出口大陆的 7000 多项货物，都会分步骤实行零关税。

两岸两会接下来要签署货物贸易协议，解决两岸货物进出口的关税减免问题。大陆是台湾最大出口地，两岸一旦签了货物贸易协议，对台湾的意义尤其重大。

总之，ECFA 降低了台湾商品销售大陆的成本，提升了价格竞争力，有利于开拓大陆内需市场；同时，ECFA 的大陆超 WTO 待遇对台开放服务业领域，将扩大台湾商品在大陆的销售范围，也有利于台商开拓大陆市场。

出口向来是台湾经济的“生命线”，恰逢现在大陆大力拓展内需市场，ECFA 可谓台湾出口业的一场及时雨，落在了 2010 年的那个夏天，落在了辽阔的大陆市场上。

之二：连接全球贸易的一座桥

2013 年 7 月，中韩自由贸易区举行第六轮商谈，中日韩自由贸易区举行第二轮商谈。作为东北亚经济实力最强的中、日、韩三个经济体，一旦建成自贸区，将成为世界第三大经济板块。

中日韩自贸区的一举一动，紧紧牵动着台湾的敏感神经。特别是韩国的出口产品和出口地区，与台湾有高度重叠性，台韩出口有着“你死我活”的意味。

目前韩国产品出口到东盟、欧洲、美国几乎都是零关税，占韩国出口额的三成多，而台湾出口这 3 个市场都要关税，加上韩国正紧锣密鼓与中国大陆洽谈 FTA（自由贸易协议），届时出口大陆又将零关税。

“台湾如果没跟大陆签 ECFA，就只有死路一条了！”台湾海基会前董事长江丙坤称。

区域经济一体化大势所趋

进入本世纪以来，区域经济一体化在全球，特别在东亚风起云涌，各经济体之间纷纷签署自由贸易协议，在 WTO（世界贸易组织）成员正常化待遇基础上，进而迈向贸易自由化。

十多年来，日本、韩国、新加坡、中国大陆等亚洲主要经济体，基本上都各自对外签署了 10 多个 FTA，唯独台湾，因为两岸因素，无法与主要贸易对象签署 FTA。

江丙坤早在 1999 年与新加坡总理吴作栋会见时，要求双方签署 FTA，吴作栋说，“经济上没问题，政治上有问题”，没有签署。之后台湾也与日本、美国等主要贸易对象谈，都一一吃了闭门羹。

“政治上有问题”，指的是 FTA 是国际间的自由贸易协议，而台湾属于中国，所以不能与别人签 FTA。在上世纪末本世纪初，李登辉、陈水扁先后执政台湾，大搞“台独”，两岸官方没能就台湾对外贸易自由化进行商谈，台湾在贸易自由化进程中落后了全球十几年。

台商曾钦照表示，各经济体签署 FTA 是时代潮流，是融入全球化的一环，否则在全球贸易中势必被边缘化。

台湾突破被边缘化的关键

台湾中央大学教授朱云鹏认为，在地理位置上，台湾比香港、新加坡位置优越，台湾处在亚太区的中心点，更有机会成为亚太营运中心；而现实是，新加坡、香港充当了亚太枢纽角色。

据台湾“经济部”介绍，已跟台湾签署 FTA 的中美洲 5 个“邦交国”，占台湾出口总额的不到 1%，而对于占台湾出口比重近九成的亚洲、欧洲及北美市场，却一直无法签署 FTA，直到两岸于 2010 年 6 月底签 ECFA 之后终于有了突破。

ECFA 是两岸之间的一个创造，是介于 FTA 与 CEPA（大陆与香港更紧密经贸安排）之间的一种设计。因为两岸不是国与国的关系，所以大陆不接受台湾对外签署具有主权色彩的 FTA；台湾也不想跟大陆签 CEPA，觉得那样被“矮化”成中央与地方的关系。ECFA 落笔于两者之间，这种模式也开启了台湾对外签自由贸易协议的新思路。

因此，台湾要与美国洽签的自贸协议不叫 FTA，改称 TIFA（台美贸易暨投资架构协定），就是要“去 FTA 化”，采用大陆能够接受的提法。自两岸签了 ECFA 之后，新加坡、新西兰等国家也开始与台湾洽谈自贸协议。2013 年 7 月，台湾与新西兰签署了经济合作协议，当年 11 月与新加坡签署经济合作协议，ECFA 成为台湾突破被边缘化的关键。

2013 年 5 月中旬，台湾远见民调中心对台上市上柜公司调查显示，台上市柜公司最看重的自贸协议是 ECFA，其次是 TIFA，再次是东盟主导的 RCEP（区域全面经济伙伴关系协定）。这是因为，大陆是台湾最大出口地，美国居第二，而 RCEP 一旦成形，将是全球最大经贸组织。

ECFA 搭桥，从两岸通向世界

一度雄踞“亚洲四小龙”之首，一度沦为“亚细亚的经济孤儿”，台湾经历了光荣褪色之后的苦恼；如今，台湾想要重新找回当年的美妙感觉，成为亚太经济版图中的枢纽。

这个枢纽正如棋盘中的一颗棋子，李登辉、陈水扁执政时，想方设法与大陆阻隔往来，台湾成了一颗死棋，亚太人流、物流、金流尽可能绕台湾而走，台湾贸易势力逐年衰减。台湾在经济全球化和区域经济一体化进程中，饱受了被边缘化的苦楚。

出口是台湾经济的最大驱动力，台湾经济重振雄风必由之路在于全球化，而一水之隔的大陆正从世界工厂变为世界市场，如果不与大陆往来，台湾的全球化根本无从谈起。

ECFA 为两岸经济合作提供了制度保障，开启了两岸贸易自由化之门，也搭建了台湾与其他经济体贸易自由化之桥。ECFA 使两岸经贸关系日趋密切，台湾不再是隔绝于大陆的“经济孤岛”，在 ECFA 的加持之下，台湾正在从大陆走向世界，并将逐渐与全球自由经济同频共振。

之三：深耕台湾产业的一条路

2012 年 11 月至 2014 年 10 月，台当局实施台商返台投资 2000 亿元新台币计划，作为台湾全球招商计划的重头戏。

几乎与 ECFA 签署同步，台当局启动了全球招商计划，鼓励外资、陆资、海外台资投资台湾，夯实台湾产业根基，填补多年来产业外移留下的空洞。

自两岸“三通”与签署 ECFA 之后，大陆台商返台步伐显著加快，“三通”降低了人员往来成本，ECFA 降低并将持续降低货物往来成本，使台商可在两岸合理布局产业，“深耕台湾”成为可能。

台商回流，产业转型与升级

曾钦照介绍，当初大批台商迁到大陆，是因为台湾的土地、人力资源昂贵，如今台湾的这个问题依然存在，随着人口老龄化加剧，劳力更不易取得。

这种情形下，迁移到大陆生产的台商，如今即便在大陆也面临工资上涨、土地及水电价格上涨等问题，但回台继续从事原有生产的可能性仍然很低，因为台湾的生产要素价格依然高于大陆。

不过，台资回流却增长迅速，2007 年首次突破百亿元，2008 年突破 200 亿，2009 年突破 300 亿元，2010 年破 400 亿，2012 年破 500 亿元。从 2012 年 11 月启动台商返台投资计划以来，到 2013 年底，已吸引回流台资近 2000 亿新台币。这些金额绝大多数由大陆台商所贡献。

曾钦照分析，回台投资的台商，要么是进入了不同领域，转型做别的事情；要么还是在原来领域内，提高技术水平，进行产业升级。例如长期以富士康公司深耕大陆的郭台铭，就筹划要在台湾建设超大型全自动化工厂，全流程基本由机器人完成，到时候一个偌大厂房，将很难见到几个工人，满眼将是智能化的“铁人”。

以“三通”、ECFA 为代表的两岸开放，使过去台商被迫离开台湾到大陆投资的必要性降低了，他们在台湾同样可以经略亚洲、全球市场，增加了他们回台转型与升级的诱因。

外商结盟，助推台湾产业升级

ECFA 不仅推动了台商回流，而且大大提高了外商与台商联盟的积极性，以携手拓展大陆市场。

以日企为例。台企向来有求于日企，因为日企掌握了关键技术，台企是日企的下游厂商；自 ECFA 打通了两岸经济合作“肠梗阻”之后，不少日企开始上门找台企，希望双方能够结盟。

日本首相安倍晋三多次表示，日企单枪匹马去大陆的成功几率低，如果能联合台商，机会就比较高。因为民族问题，日企与大陆企业及地方政府打交道难度大，他们与台企合作后，便能借助台企在大陆的优势。台企从中得到的最大好处是日企的先进管理、技术，帮助台企迈向产业链上游的技术研发。

一度闹得沸沸扬扬一波三折的“鸿夏恋”（鸿海入股夏普），郭台铭看中的就是夏普的技术力量和工作效率，可增加鸿海的科技附加值；夏普则看中鸿海带来的雄厚资金和广阔市场，鸿海在大陆拥有规模巨大的工厂和市场。

台湾与国际接轨早，外商与台商的磨合时间较陆商长，加上两岸经合的制度障碍随 ECFA 而逐一被拆除，外商结盟台商闯大陆增多，升级了台湾技术水平，厚植了产业根基，有助于发展高附加值的新兴产业。

贸易自由化，改善产业结构

两岸两会签署的服务贸易协议，大陆给出了超 WTO 待遇，台商进入大陆服务业条件优于一般外企，台商迎来了摆脱代工、营销品牌的大好时机。当下，大陆市场正从世界工厂变为世界市场，大陆培育的品牌极可能成为全球性品牌，在大陆成长培育的台商品牌，很容易从大陆走向世界。

根据两岸服务贸易协议，台湾向大陆开放 64 项，台湾的美容美发、中药批零、养老、印刷、出版等服务业将面临大陆业者的竞争。岛内绿营势力为此杯葛服贸协议在“立法院”的审议，讨伐当局“丧权卖台”。

其实，开放是最好的练兵场，一方面自身优势产业获得了更大市场，自身劣势产业则迎来浴火重生的机遇期。厦门大学台湾研究院经济所所长唐永红认为，**如果台湾一些产业因开放而沦陷的话，正好说明台湾业者应当有所调整，提高生产效率，或者增加附加价值，或者淘汰该品种生产，由此加快产业升级转型，从而提升产业竞争力。**

两岸两会再签署 ECFA 的货物贸易协议之后，两岸绝大多数货物进出口将逐步实现零关税目标。货物贸易自由化带来的两岸产品低产本流通，使得台商能最大限度根据自身优势，在台湾生产核心零部件，设立研发、营销总部。台湾由此可在两岸及全球的产业链条中，找到比较优势，改善产业结构。

第五章
后ECFA时代，海西怎样耕种“试验田”？

海西经济区是对台经贸合作交流的试验田，而ECFA是两岸经济合作交流的加速器，试验田唯一出路是与ECFA比时间、比速度，否则试验田便无从谈起、名不副实。

2010年9月中旬，ECFA（两岸经济合作框架协议）正式生效，两岸经济关系以制度化方式向正常化、自由化方向迈出了里程碑意义的一步。

ECFA从两岸整体层面制度性推进经济关系正常化、自由化，这对于具有对台经贸交流合作先行先试使命的海西经济区来说，构成了新挑战。“势必给海西对台经贸交流合作的政策和空间产生挤压，海西原本独有的特殊政策会相对削弱，光环不再那么耀眼！”厦门大学台湾研究院经济所所长唐永红强调。

唐永红是福建唯一参与国台办ECFA专家咨询的专家，近年来主要从事ECFA与海西战略的研究，并向中央与地方多次建言。他提出的海西在两岸经济合作框架下先行先试的建议，写进了国家加快海西建设的意见中，他研究的“ECFA对海西先行先试战略的影响及对策”，列入了福建省社科规划研究项目。

ECFA之后，海西“试验田”该如何耕种？

再创对台先行的政策优势

唐永红透露，在两岸签署ECFA之前，台湾当局对海西区的对台“试验田”有一定抵触，认为这不仅“矮化”了台湾，而且可能是大陆方面不愿签ECFA，而想以海西替代ECFA；不过在ECFA签署以后，台当局对海西“试验田”基本上抱相对持平的看法，认为可以善用大陆支持海西的机会。

然而对海西而言，机遇到来之时，挑战结伴而行。这主要表现在海西将可能面临大陆诸多经济区的竞争。

“海西对台经贸交流合作先行优势，体现在双方经济交流合作的自由化、便利化程度较高，如今ECFA让大陆与台湾经济关系朝自由化方向推进，如果两者的自由化程度一样高，海西就不存在先行先试了，相对其他地区就没有政策优势了。”

唐永红称，果真如此的话，海西区与长三角、珠三角经济区相比，在经济规模、产业配套、交通网络、对外通道等方面都有不小差距，对台资吸引力落后别人，因而唯有加快贯彻落实国务院海西意见中的先行先试政策，再创新的政策优势，海西战略才能卓有成效，这应该成为当前海西工作的重中之重。

“试验田”要与ECFA连接起来

接下来的问题，海西再创对台先行的政策优势，有这个空间和可能吗？唐永红表示，因两岸经济体在发展水平、开放程度、关税作用等方面有较大差异，ECFA框架下的两岸经贸自由化是一个循序渐进的漫长过程，这为海西先行留下了空间和必要性。

例如，早期收获的货物贸易只涉及800多项货物，还不到两岸货物贸易总量的1/10，即使在两岸签署货物贸易协议之后，两岸货物贸易基本零关税的目标也需分步逐渐实现。能否考虑在海西特定区域先行先试货物贸易自由化，扣除烟酒、奢侈品及其他少部分货物之外，先行减免绝大部分台湾货物的关税，这些货物要从海西特定区域流向大陆其他区域时，再补上关税。

唐永红对此表示，**海西先行先试战略要与ECFA相连接，才可在ECFA新形势下贯彻好国务院关于加快海西建设的意见，发挥海西战略的功效。“当前在两岸整体层面上没有条件做的部分，或需要探索经验的部分，可以让海西先行先试，经贸活动自由化在海西与其他地区之间可以有一个阶梯。”**

局部自由经济区的猜想

怎样先行先试？唐永红有一套完整的构想。针对两岸货物贸易自由化部分，可以把海西有条件的特定区域如厦门岛划为自由经济区（或称自由贸易区），实行自由贸易、自由投资、自由金融等政策，并采行“境内关外”的国际惯例做法，采取“一线放开、二线管住、区内自由”的海关监管模式，实行封关运作、管理，台湾货物自由进入，这些免税台湾货物流向大陆其他地方时，再补上关税。

唐永红特别强调，不少人对“封关运作”存在一些误解，以为“封关”会阻断对内的人流、物流、资金流，其实香港、澳门、新加坡都是自由经济区，这些地方并没有因此而沉寂，反而因更加开放自由而活力四射。

他说，20世纪80年代，中央就允许厦门实行自由港的某些政策，如今30年过去了，厦门更有条件往这方面发展，应该抓住机遇，做足对台区位优势，并以此扩大特区优势。

海西是两岸经贸合作先行区，厦门又是海西的重要龙头，理应敢于大胆突破。唐永红还畅想，**厦门单边实行自由经济区，金门也在推动自由经济区概念，等到将来条件成熟，厦金便可联合成为一个自由经济区，联结起来封关运作。**

考虑到厦门市的地理特点，他建议厦门本岛建成以现代服务业为主的自由港，岛外区域不好封关管理，不宜做自由贸易，但可以做自由投资、自由金融等，岛外发展成为以先进制造业为主的自由经济区，从而实现对全市产业空间的合理布局，并以此辐射、服务、带动海西其他地区及海西整体产业经济的发展。

强化两岸金融合作试验区

在服务贸易自由化部分，根据2013年6月两岸签署的ECFA四大协议之一《两岸服务贸易协议》，大陆向台湾开放80个项目，台湾向大陆开放64个项目。大陆开放的80个项目均超出了WTO成员的正常化待遇，是正常化基础上的自由化；台湾开放的64个项目，36个项目达到了WTO的正常化水平，28未达到此标准，因而仍在贸易正常化过程中。

两岸服务业互相开放，同样遵照循序渐进原则，以后会签订相关补充协议，继续扩大开放领域，这为海西在服务贸易方面先行创造了空间。例如，台湾银行登陆实行“121”条款，即在大陆设立办事处1年才能转为分行、子行，分行或子行营业2年、最近1年盈利才能经营人民币业务。唐永红说，海西可在“121”基础上更进一步，省掉第一个“1”，台湾银行过来就能直接设立分行、子行，并把第二个“2”改成“1”，营业1年并盈利就能经营人民币业务，这些都是可以考虑的。

唐永红表示，**厦门要建成两岸区域性金融服务中心，就得降低台资金融机构市场准入门槛，配套金融活动自由化的特殊政策，促成货币兑换自由、资金流动自由、资金经营自由，甚至建成不受当局管制的离岸金融市场。**

除了金融业外，海西还可大力吸引台湾其他服务业入驻。他说，目前台湾服务业占经济总量七成，由于多年来制造业外移，造成台湾服务业供给过剩，迫切需要在大陆寻求新的市场空间。海西在对台服务贸易自由化方面先行先试，也将大大促进自身现代服务业的发展。

两岸资本投资一视同仁

通常说来，经济活动正常化之后是自由化，自由化又一般按照货物贸易、服务贸易、资本投资与要素流动的顺序而递进，因为资本投资与要素流动自由化意味着共同市场，条件要求高，敏感度高。比如ECFA未开放大陆劳工赴台，就是因为现阶段两岸工资水平相差较大，大陆劳工赴台后会大幅拉低台湾工资水平，这是台湾工薪阶层不愿看到的。

两岸将来发展水平拉近之后，才有可能实行资本投资与要素流动的自由化，形成两岸共同市场，这将是长期的艰难过程。在这一进程中，大陆辟出一块区域先实行投资自由化，便可有效降低风险。

唐永红介绍，由于条件不具备，ECFA 目前没有对两岸投资自由化作出实质性安排，海西可在这方面发挥想象力。例如在大陆对外资“允许、限制、禁止”三种类型中，海西除了禁止类之外，可率先把对外资“限制类”的项目向台资开放。

投资自由化的最终目标是追求所有资本享受 “国民待遇”，内外资投资领域一视同仁，准入门槛标准不分彼此并逐步降低，海西应朝这个方向对台资开放。

新形势下，海西仍然应该站在对台交流的最前沿，这既是中央加快海西建设的要求，也是海西自身发展的需要。丧失了对台优势，海西经济区将在大陆诸多经济区中黯然失色。

所以，海西一定要抓紧时机，再领对台交往潮流；否则，时间一过，机不再来。机遇不会等待一个行动迟缓之人，她永远垂青于与时俱进的弄潮儿。

第六章
台湾经济“大闷锅”

在上世纪，人们谈起台湾经济，普遍想到“奇迹”二字；可在新世纪，取而代之的却是“闷”字。果真是世事沧桑，变幻难料，台湾经济正置身于“大闷锅”之中。

2012年4月中旬，台“行政院长”江宜桦用一个“闷”字形容台湾经济，犹如一个高明的琴师，拨响了台湾民众心灵深处最柔软的那根弦。台湾商业总会张平沼理事长说，台湾经济就是一个“大闷锅”，一语道尽台湾经济的集体焦虑。

一颗心被关在门内，就叫闷。台湾经济被困在网中，左冲右突多年，始终无法突破，困在网中的人们，忧郁、烦恼、苦闷……

这样的日子，何时是个尽头？踯躅前行在阴暗隧道中的台湾经济，何时能见到洞口的亮光？

感受篇

台湾中华生产党主席卢月香：

基层没享受到两岸和平红利

“行政院长”江宜桦是被马英九提拔起来的，老百姓讲闷，比他讲更有资格。这几年大陆游客、大陆采购团赴台轰轰烈烈的，但是从马英九民调来看，从台湾中小企业口袋来看，执政党没有找到发展经济的出发点，“闷”字符合老百姓对执政党的不满。

我是马英九的铁票，在2012年“大选”期间投入了大量时间、人力、财力，动员中华生产党党员协助马英九选举，那几个月我没做过生意，一门心思辅选。可是马英九执政后，经济原地踏步，没让一般老百姓看到希望，这一两年来经济更苦。有大学生在岛内找搬运工的活，都找不到，让人很伤心。

20世纪90年代初，我在台湾开了多家小超市，每天只要一开门，客人就络绎不绝，买单都来不及。陈水扁执政前4年，生意还可以，2005年以后就慢慢衰退了。2008年马英九上台后，开放“三通”、陆客、陆资，但是只有大的旅行社、饭店、景点受益，中小旅行社、小店看不到经济好转，许多小店被迫陆续关门。

我常跑基层，很清楚百姓心里想什么，我的很多党员来自中南部，他们有时到北部开会，连买车票的钱都没有，口袋已经掏空了。陆客团过来大把买珠宝，财团和大旅行社才能赚到钱。

我宁愿来到大陆做生意亏本，也不愿留在台湾，台湾看不到明天的希望，两大政党整天在斗，族群分裂，一到选举就狗咬狗，一开电视就看到政客吵架，烦死人了！一些人都不敢看电视了，不然就看文艺类的节目。

全台湾有319个乡镇，每个乡镇的农民都通过乡镇农会销售农副产品，农民手上的产品大部分销不到大陆，大陆各地政府采购团到台湾，基本上是和与国民党和工业总会、商业总会等大协会有关系的农会对接，大部分农会没有享受到两岸和平带来的发展红利。

台湾有几个年轻人不想往大陆走的？然而人生地不熟，来到大陆的还是少数。两岸交流一定要从官方拓展到民间，希望大陆各省经贸团能与台湾的每个乡镇对接，

采购他们的产品，同时邀请台湾基层干部前往各省交流，让他们感受到祖国的关心、帮助，这样的话，让他们认同“一个中国”是很容易的。如果大陆经贸团只跟台湾的大人物接触，台湾老百姓心里会怎么想？

大陆这些年经济崛起，台湾老百姓很想靠过来，却不知怎么靠，两岸经贸活动应该给台湾基层乡镇更多机会，让基层百姓能够来到大陆。我的一个党员参加过国民党 30 多年，可是连一次来大陆交流的机会都没有，国民党把交流指标给了能帮拉选票的人。

现在两岸和平停顿在了这个位置上，台湾经济还会再衰退下去，2012 年我的很多台商朋友及其家属含泪投票马英九，并不是支持马英九，而是我们不愿看到两岸和平再度中断。马英九在任期内，国民党如果不推进两岸关系，到时候，许多老百姓就会“换人做做看”，给国民党一个教训。

新北市房产中介商程书昌：

民间投资、消费信心萎缩

“闷”代表了大部分台湾老百姓的心声，他们薪水没涨，物价年年涨，薪资跟不上通货膨胀，感觉钱明显变小了，特别是都市房价涨得飞快，越来越多年轻人买不起房，大学毕业生起薪才 2 万多元（新台币，下同），而台北一套 100 平方米房子要 2000 多万元。房价成了都市民众的怨气之首，这造成大家消费信心不足。

消费市场萎缩，连带影响到大家的投资信心，有钱人不想在岛内投资，而一拨接一拨往大陆、东南亚投资，上班族也一拨接一拨背井离乡，到外头打拼生活。

当局执政无能，政策变来变去，支票不能兑现。**官员讲一套，百姓做一套，官民之间缺乏有效的沟通管道，官员抓不到百姓内心的痒处，变革举措让百姓“无感”。**例如，中山高速公路五杨（新北五股—桃园杨梅）高架桥，跳票了好几次，直到 2013 年初才通车。“政府”这种办事方式和效率，百姓怎能不心生怨气闷气？

台湾前“立委”曹原彰：

经济犹如航船迷失了方向

台湾上班族薪资十多年没涨过，房价物价不知涨了多少，这些上班族怎能不闷？像我这种年纪的人，原来一年可以出境旅游三五次，如今压缩到一两次，因为退休金缩水了。

大学毕业生起薪 2.2 万元，我 20 多年前当记者时薪资有 7 万多元，而我的博士女婿如今在新闻单位，月薪只有 4 万元出头。如果按照我当时的薪资推算，我女婿现在每月应该领 11 万元才合理。你说年轻人闷不闷？

“政府”可以宣传施政效果如何，GDP 数字成长多少，可这些没有用，年轻人、上班族、退休人员都无感，都很闷。就像一个爸爸说很爱孩子，可是孩子感受不到爱。

大陆经济高速增长，人民收入大幅递增，两岸经济一消一长，比较之下，原本具有优越感的台湾人感觉更苦闷！

收入下降，造成生活品质下降，买衣服、下馆子、出境游，都要考虑再考虑，捉襟见肘的经济状况，使台湾人花起钱来不再潇洒。假如我在台湾的生活品质只有 70 分，来到大陆有 85 分，那么我为何不来大陆？

台湾从李登辉到陈水扁执政期间，领导人只想把钱放在自己口袋，施政怎能不偏差？舵手在大海中只顾自己钓一两条鱼，而没有把航船引向通往幸福的方向，当然会拖坏台湾经济。等到马英九执政时，已经病入膏肓，如何治理？

今天的台湾经济犹如一艘船在海中乱漂，方向不明确，很迷茫；未来，许多台湾人会很惨、很可怜！

解码篇

冰冻三尺，非一日之寒。今日台湾经济之闷，是长期以来累积的结果。我们不妨从几个关键词切入，来解读其中之闷。

关键词 1：经济低成长

经济成长率是经济表现的最重要指标，梳理这几十年来台湾经济成长率，不难发现，台湾经济真可谓“王小二过年，一年不如一年”。

据台湾 “主计处”的统计资料，在 1978 年至 1987 年蒋经国执政期间，台湾经济年均成长 8.7%；在 1988 年至 1999 年李登辉执政期间，经济年均成长 6.8%；在 2000 年至 2007 年陈水扁执政期间，经济年均成长 4.1%；在 2008 年至 2012 年马英九执政 5 年期间，经济年均成长 2.9%。

从人均 GDP 看，2000 年台湾约 1.5 万美元，韩国约 1.1 万美元；2007 年韩国突破 2 万美元，而台湾 2012 年人均才 20374 美元。

台湾每一任执政者上台，经济便明显下了一个台阶。马英九可以怪罪自己执政期间，不幸遇上了全球金融风暴和欧洲主权债务危机，使得这个当初参加“大选”时承诺要让经济“马上好”的“马总统”，经济增速却创下了历任执政者新低，也使他的民调更低于贪腐的陈水扁。

关键词 2：失业节节高

与经济成长率完全反其道而行之的是失业率，经济成长率越来越低，失业人数却如芝麻开花节节高。

同样比较几任执政者的就业贡献度，蒋经国执政最后一整年（1987 年）台湾失业率 2%，李登辉执政最后一整年（1999 年）失业率为 2.9%，陈水扁执政最后一整年（2007 年）失业率 3.9%。马英九竞选首个任期时，承诺要在 2012 年将失业率降到 3% 以下，可实际上，这年台湾失业率为 4.2%。

失业大军中，年轻人失业尤其严重。近年来，台湾 20—24 岁的年轻人失业率通常在 12% 左右，大约是各年龄段平均失业率的 3 倍。同时，大学生失业率高于高职生、大专生，硕博士研究生失业率高于大学生，形成“学历越高失业率越高”的怪象。

关键词 3：薪资“冻涨”

台湾人的薪资，十多年来“以不变应万变”，任凭国际风云变幻，“我自岿然不动”。

台湾上班族在 1981 年的平均薪资 10677 元，1991 年升至 26881 元，2001 年升至 41960 元，2011 年微升至 45749 元。在 3 个 10 年当中，第一个 10 年薪资激增 1.5 倍，第二个 10 年成长近六成，但第三个 10 年仅成长不到一成。

如果把物价因素考虑在内，第三个 10 年薪资成长抵不过物价涨幅，实质薪资不进反退。台“主计处”公布，2013 年上半年台湾上班族实质月薪为 47557 元（扣除物价上涨因素），衰退到 1997 年水平。所以台湾上班族做了一场“十年一觉冻薪梦”。

关键词 4：房价炒高

薪资抵不过物价增速，口袋越来越扁，可是作为一般老百姓的最大宗消费品房子，价格却在昂首阔步往上攀登。

从 2003 年至 2012 年的 10 年间，台北市住宅一手房均价从每坪（1 坪相当于 3.3 平方米）39 万元涨至 79 万元，合每平方米 5 万多元人民币。双职工家庭要在台北市买一套 35 坪的新房，以 2012 年 30—34 岁年龄段的夫妻年均收入（合 92 万元）计算，夫妻要大约 30 年不吃不喝才能买下房子。

2009 年底，在台当局的网络民调中，都市房价成为台湾民众的“民怨之首”。据 2012 年的房价统计，新北市一手房每坪均价 33 万元（合每平方米 2 万多元人民币），仅次于台北。

关键词 5：被边缘化

出口是台湾经济最重要驱动力，其竞争力也在不断弱化。蒋经国执政最后一整年（1987 年），台湾出口额位居亚洲四小龙之首，排名全球第 11；李登辉执政最后一整年（1999年），台湾出口额跌落至亚洲四小龙第三，排名全球第14；陈水扁执政末期，出口沦为亚洲四小龙之末，排名全球第16。马英九执政后，出口排名继续滑落，2011年排全球第18，2012年排第17。

出口排名后退，反映出在全球经贸格局中，台湾角色日益被边缘化。马英九宣誓要把台湾打造成台商的全球运营中心、外商的亚太运营中心。岛内不少有识之士说要让台湾成为大陆对外的门户，可如今看来，台湾错过了大陆经济崛起、出口跃居全球第一的大好时机，没有较好为大陆和海外搭建起交流平台。

台湾要想真正通向国际市场，防止被边缘化，钥匙其实握在大陆手上。李登辉采取“戒急用忍”的两岸政策，陈水扁对大陆实行“有效开放，积极管理”，自缚手脚，自废武功，让台湾困守孤岛。马英九对大陆采取“只经不政”策略，拒绝与大陆政治对话，也阻碍了台湾快速融入区域经济一体化和经济全球化。

关键词6：产业空洞化

台湾经济不振，还有一个重要原因是产业空洞化，两岸经济一消一长，大陆快速崛起，犹如一个强大吸盘，把全球人才、资金、技术往里吸附，自然也包括一水之隔的台湾。

从上世纪90年代以后，台商大规模迁移大陆，许多是整个产业链在迁移，近年来不少迁移至东南亚，岛内产业越发被掏空。在这个浩大的产业转移潮中，台湾没有“腾笼换鸟”，传统产业出走了，高新技术产业、现代服务业却没有很好地填补空洞，经济惨淡，人员出走成潮。

时至今日，台湾仍在全球产业链里头扮演低端的“代工”角色。代工就是为人做嫁衣，别人风风光光很滋润，自己辛辛苦苦没钱赚，即便是全球电子 “代工之王”鸿海集团，其毛利也早已掉到了个位数。

第七章
“民主化陷阱”造成台湾经济困境

全球正在席卷民主化浪潮，在这股浪潮下的台湾，经济每况愈下，经济困局是民主化之陷阱吗？民主化一定要付出这个巨大代价吗？

2013年5月20日，马英九上任台湾地区领导人5周年之际，正值台湾暴雨肆虐，马英九临时取消5周年庆典活动，奔波于各地救灾。在当天灾情汇报会上，马实在抵挡不住周公的召唤，被媒体拍下一度打瞌睡的画面。

马上任以来，想破头发展经济，可是台湾经济如同马英九一般疲惫困乏。从2008年至2012年5年间，台经济年均增长率仅2.9%，2013年增长率仅为2%出头，延续了二十几年来台湾经济每况愈下的走势。

中国社科院台研所王建民研究员提出自己的观察——**台湾经济面临的是结构性困境，乃长期累积形成，民主化陷阱是造成经济困境的根本原因。**

这个观点可谓一语中的。台湾经济状况整体上非常闷，表现为经济低迷、失业高攀、薪资冻涨、房价过热、产业外移、被边缘化等，然而引发这些问题的除了外部因素之外，内部因素中最重要的是岛内民主化之后，民粹意识高涨，执政者一味迎合民意，屈就反对党，不敢有所担当。

陷阱一：只要环保，不要产业

2013年，要不要进行核四“公投”，如何“公投”，一直是岛内热议的焦点，反对续建核四力量从环保团体扩大到反对党、妈妈联盟、艺人圈等。核四争议是环保与发展博弈的典型案例。

核四指台湾第四座核电厂，1980年提出建设计划，1999年开工建设，历经蒋经国、李登辉、陈水扁、马英九共8任“总统”任期，是全球建设时间最长的核电厂，也是台湾拖延最久的公共建设案，工程预算已追加到3300亿元（新台币，下同）。

如此耗资巨大的一项工程，如今却面临能不能“上岗”的考验。特别是在2011年日本“3·11”大地震引发核灾之后，台湾民众谈核色变，反核力量一浪高过一浪。核四，台湾社会难解的结！

难解的结还有“国光石化”。2005年，“国光石化”项目列入台当局“大温暖大投资”计划；2007年，台湾“中油”提出“国光石化”到云林设厂的环评申请，未能通过；2008年，又提出迁址彰化的环评申请，因当地沿海是白海豚栖息地，立即遭到环保团体强烈质疑。该项目历经波折，很可能无果而终。

“国光石化”又称“八轻”，是台湾第八座石化轻油裂解厂，由“国光石化”公司提出兴建计划，包括提炼原油与乙烯，外加25个石化工厂的基础建设，建成后每年产值预计5000亿元。

近20多年来岛内环保意识觉醒，环保运动高涨，“环保优先”超越了“经济增长”，使得台湾几乎不再有重化工业发展，随着核四久拖不决，核电工业也将逐步退出历史舞台。石化、电力是制造业的基础，在环境保护与产业发展之间，台湾民意坚决地站在了环保一边，产业靠边站，这是经济走下坡路的重要原因。

陷阱二：只要福利，不要交税

台湾财政收入捉襟见肘，税收占 GDP 比重从上世纪末的 20% 以上，降到了近年的 12% 左右，并且在逐年减少的财政收入当中，社会福利支出逐年增加，成为财政支出项目中的最大项。

从 1982 年到 2011 年 30 年间，台湾经济建设支出占财政支出比重从 25% 滑落到 14%，而社会福利 (包括退休金) 占财政总支出比从 14% 涨至 28%。经济建设与社会福利的“此消彼长”，充分说明了经济建设受到冷遇。

台湾《远见》杂志创始人高希均称，**台湾进入民选“总统”的民主化时代后，不论国民党还是民进党执政，在民意压力下尽一切可能讨好选民，宁可举债度日，也不敢减少“白吃午餐”**。“民主”政治变成了“民粹”政治，任何一个政党执政，都成了民粹的俘虏，得到短期“实惠”者，还认为“政府”做得不够多。

因为财政紧张，台当局对于基础设施建设越发力不从心。桃园航空城是马英九首任竞选主张“爱台十二建设”的重头戏，也是连任竞选主张“黄金十年”的旗舰计划，预计投入 4600 多亿元。不过，饼虽画得很大，然而财政没有钱，啃不动。“政府”不投入，民间资金没信心，这个航空城说了整整 5 年，还在纸上谈兵阶段。

在福利支出方面，两大政党为了拉选票，比赛开支票，单单老农津贴在不到 20 年中，人均发放金额从 3000 元涨到 7000 元，如今每年财政要为此支付 500 多亿元。

民众当然喜欢拿到的福利越多越好，在民粹当道之下，民意支持率、选票往往是台湾政治人物的唯一考量，而所谓的整体规划、长远发展像是浮云，他们只顾眼下，哪顾得上天边的浮云！在民粹思维主导下，过度强调所谓的公平正义，牺牲了效率发展。

陷阱三：只要政治，不要经济

蒋经国时期曾任“经建会副主委”的孙震接受台媒采访时表示，自李登辉当政以后，民粹愈演愈烈，老百姓一反对，政策就转向，没有人敢做长期投资，造成台湾经济沉沦。

台湾中央大学教授朱云鹏称，**台湾公共议题的重点不在经济上，而是在政治上，大家最关心的是族群、省籍和“国家认同”等意识形态问题，在这种情况之下，负责经济事务的官员都很低调、很无奈！民粹主义下的经济政策，也是民众想怎么改，当局便怎么改，当局并没有细致考量这些改动，会给民众带来好处还是坏处。**

王建民强调，台湾经济的政治制约因素太多，没人用心搞经济，民进党“逢中必反”“逢马必反”，只会骂人，不懂建设，他们希望经济搞不好，自己才有机会上台。民进党动不动就“倒阁”“罢马”，不断给执政党出难题。没有稳定的执政团队，不利于政策落实，对经济伤害很大。

台湾知名文化人龙应台动情地说：“若有神灯能够实现一个愿望，我希望一夜起来，台湾整个气氛变了，当你做不好的时候，我不是骂你骂到臭头，而是说，我知道时局很坏，来，一起把事情做好。”

王建民称，**台湾是“民主政治”，任何重大经济决策与改革都要接受民意的考验，并受到在野党的强力制衡甚至抵制。这是“民主体制”的普遍现象，也是当今全球性民主政治顽疾之表现。无论是经济现状还是政治现实，台湾经济已经很难振起与腾飞。**

为反对而反对的政治氛围，顾小局而弃大局、顾眼前而弃长远的民粹思维，就这样重重伤害着台湾经济。难道这是台湾民主化进程必然要付出的巨大代价吗？

第八章
台湾竞争力提升之道

全球经济、东亚经济正发生大变局，台湾一定要摆脱生产制造依赖性，强化品牌与研发，善用大陆市场，才可提升核心竞争力。

2013年5月29日，瑞士洛桑管理学院（IMD）公布2013年度全球竞争力排名。在60个参评经济体当中，台湾竞争力排名第11位，较上年下降4位，在亚洲排名第三，仅次于香港（全球第3）、新加坡（全球第5），但是优于老对手韩国。

该如何来解读台湾的竞争力？它的强项、弱项在哪？排名是否比较真实反映了台湾实际状况？笔者就此约请南开大学台湾经济研究所所长、博导曹小衡予以解读。

为何排名滑落4位？就像学生考试，分数时高时低

全球竞争力有两大排名，一是IMD排名，一是WEF（世界经济论坛）排名。从2010至2012年度，IMD的台湾排名分别是第8、6、7位，WEF的台湾排名均为第13位。据IMD的2013年度排名，台湾降至第11位，这主要有什么原因？

曹小衡：

每年世界经济都在波动，每个经济体也一样，只要波动幅度不是太大，起起落落很正常，不必看得太重。每个经济体都有自己的发展阶段，有时候某个阶段发展得好一些，某个阶段会差一些。

在 IMD 对 60 个经济体的排名中，2012 年台湾排第 7，2013 年排第 11，成绩还算可以，没太大差别，就像学生考试，分数总会有时高有时低。

四大指标能否反映实际？变数多，且一直在变动中

IMD 的考核标准有 300 多项，可归纳为四大指标：经济表现、政府效能、企业效能、基础建设，台湾 2013 年度这四大指标分别排名第 16、8、10、16 位，均比上年度下滑。

经济表现、基础建设排在第 16 位，说明经济增长乏力，基础建设滞后，这与实际情况比较吻合，但是政府效能排第 8，企业效能排第 10，与平常印象有所反差。

这是因为，岛内业界普遍认为，台湾“政府”效率低下，与大陆的高效率形成鲜明对照，而台湾企业反应快效能高，则是有目共睹的。

曹小衡：

从经济学界来看，这种排名只供参考，每个经济体的发展阶段不同，它们的政府、企业、社会等方面表现形态就会不同，因为特性不同，所以很难用一个指标去衡量。

例如每个经济体在全球经济中的分工不同，可能这个产业链今年比较看好，那么相关指标就会上升，排名就能靠前。再如区域政治关系紧张，对竞争力排名影响很大，但问题是如何量化这种影响。通过指标来得出结论，是一个高难度的课题，变数太多，且一直在变动之中。

台湾竞争力优于韩国？不排除指标因素与品牌因素

近年来，从美食、影视、整容、手机等领域，刮起了一阵又一阵的“韩风”，反观台湾，引领经济潮流、时尚文化的能力则在不断衰减、萎缩之中。

IMD 竞争力考核标准 2/3 都与经济数据相关，从宏观经济数据来看，韩国的经济成长率、人均 GDP、出口增幅等主要指标，均胜过多年来一直在较劲的台湾。

不过在 IMD 历年竞争力排名当中，台湾基本上排在韩国之前，2012 年度台湾排第 7，韩国只排在第 22 位。台湾竞争力为何能胜过韩国？

曹小衡：

韩国与台湾的产业竞争相似性高，如电子业，但也有不相似性，如汽车业。IMD 的指标设计是否具有可比性，值得商榷。一套指标设计，可能对一些经济体有加分效果，对另一些经济体则会减分。

台湾排名比较稳，韩国进步较快，往上走的态势明显。为何台韩排名与大家印象有较大反差？可能与韩国注重品牌效应有关，比如韩国电子品牌三星享誉全球，但是全球电子业的许多零部件却由台湾厂商生产，消费者往往记住了品牌，却不知道为这个品牌提供零件的厂商。特别在媒体放大效应之下，韩国被热炒程度高。

全球、东亚经济格局发生变化 台湾经济角色需再定位

无论是 IMD，还是 WEF 的竞争力排名，都着眼于整体竞争力，不过我们知道，就像一辆跑车，它能跑多远，跑多快，取决于它的设计、重量、轮胎、发动机等综合因素，但是最重要因素是发动机，发动机是跑车的核心竞争力。

一个经济体也是如此，在诸多竞争力作用当中，总有一个核心竞争力，核心竞争力不仅发挥出最大动能，而且影响着非核心竞争力。那么，台湾核心竞争力是什么？

曹小衡：

台湾制造业的技术研发创新、生产成本管理、市场反应速度的竞争力很强，但是缺乏从产品研发、生产制造到品牌营销的完整产业链，制造环节做得很强，在研发和品牌方面有待加强。

在当前全球经济、东亚经济格局发生变化的大背景下，台湾经济应该进行再定位，从以往为跨国大企业进行某部分、某环节的生产，调整为向“微笑曲线”两端的研发、品牌发展，与大陆企业进行更密切合作。就像韩国，国家参与技术研发，品牌则与中国大陆市场紧密结合，发展得很成功。现在大陆重点挖掘内需市场，这对台湾来说是最大的机会，台湾未来打造核心竞争力，离不开大陆！

附：近年台湾竞争力全球排名

年份	IMD	WEF
2004年	12	4
2005年	11	8
2006年	17	13
2007年	18	14
2008年	13	17
2009年	23	12
2010年	8	13
2011年	6	13
2012年	7	13

PART TWO

第二部分

投资冲动

◎陆资赴台，摸着石头过河

◎陆企舞剑宝岛，“沛公”何在？

◎“MIT 小鞋”裹足，陆资行路难

◎破除“安全”魔咒，陆资迈大步

◎大陆人要去台湾炒房？

◎台商经第三地登陆，增还是减？

◎台商回流，可否汇流成河？

第九章
陆资赴台，摸着石头过河

陆资在台湾岛内飘了几丝毛毛雨，与此前岛内期待的“陆资活水”有相当差距。“活水”迟迟没来，令不少人跌破眼镜。陆资赴台，不得不步步小心。

自从2009年6月30日台当局开放第一波陆资以来，2011年春天开放了第二波陆资，2012年春天开放第三波。前三波开放陆资，包括制造业204项，开放幅度达97%；服务业161项，开放幅度51%；公共建设43项，开放幅度51%。总计台湾各产业项目对陆资开放程度近67%。

不过，作为首批赴台陆企，台湾中泉国际公司总经理王鸿源深有感触地说：“开发台湾市场很艰难，几年来一直在摸着石头过河，力求先站稳脚跟。”

4年半台湾核准陆资8亿多美元

据商务部统计，至2012年底，大陆企业赴台投资项目共145个，总投资金额9.11亿美元。但是同期已被台当局核准通过金额只有5亿美元，剩下4亿多美元是大陆已批、台湾未批部分。

据台“经济部”统计，至2013年底的4年半中，台当局累计核准陆资赴台投资件数为 483 件，核准投资金额 8.65 亿美元。

4 年半投资 8 亿多美元，是一个什么概念？2012 年，中国大陆对海外非金融投资达到 772 亿美元，截至 2012 年底，大陆共批准陆资在全球约 180 个国家或地区对外非金融投资近 4000 亿美元。相比之下，赴台陆资金额是小得无法再小的数字。

台湾自 1991 年正式开放台商投资大陆以来，台当局已核准台资登陆上千亿美元，这还不包括大量台商绕经开曼群岛、英属维尔京群岛等第三地的投资，如果加上第三地的转投资，登陆台资或许达到三四千亿美元。

4 年半投了 8 亿多美元，犹如在庞大陆企身上拔了一根毛，又如在台湾岛内飘了几丝毛毛雨，与此前岛内期待的“陆资活水”有相当差距。“活水”迟迟没来，令不少人跌破眼镜。

厦门大学台湾研究院经济所唐永红所长评价，陆资入台投资意愿不足、步伐缓慢、规模较小，基本上还处于试探性投资阶段。福建省交通集团驻台办负责人透露，第一波到台湾的陆企基本还没赚到钱，目前谈盈利为时太早。

投保协议“促进”大项目

不过，即便在摸着石头过河的试探阶段，仍然出现了个别投资亮点，促成少数投资额较大项目。

2012 年 12 月，台当局核准通过了一桩 1.35 亿美元的投资案，这是开放陆资以来的最大案件。由大陆的招商局国际有限公司与中远太平洋有限公司、中海码头发展（香港）有限公司在香港成立新公司，以 1.35 亿美元购买了高雄港洲际货柜中心一期工程的高明码头的三成股份。

2012 年 11 月，还有三件较大投资案。第一件是厦门华天港澳台商品购物有限公司在金门增资 6500 万美元，建设 1800 间客房的金门华天大酒店（计划总投资 3.9 亿美元），建成后将是金门最大观光酒店。2013 年 3 月底，台当局“投资审查委员会”核准了该案，这是当时陆资赴台服务业的最大项目。

第二件是厦门三安光电科技有限公司拟投资 23 亿多元新台币（当时折合人民币约 5 亿元），购买台湾上市公司璨圆光电以私募方式发行的 1.2 亿股普通股，交易完成后将持有璨圆光电19.9%的股份，成为璨圆光电最大股东。这是台湾岛内LED企业首次引进陆资参股，该项目于2013年8月底获得台“投审会”核准。

第三件是大型民营控股企业上海复星集团拟投资3.6亿元新台币，持有以销售凤梨酥闻名的台湾维格饼家两成股份，这是台当局核准的首件陆资参股台湾食品案。

以上四大投资案，颇有从“摸着石头过河”到“下水游泳”的意味，什么因素促成了这几宗大项目？唐永红所长认为，最主要原因是2012年8月9日，两岸两会签署了《海峡两岸投资保护和促进协议》，这是两岸双向投资历程中具有里程碑意义的事件。

台湾淡江大学大陆研究所潘锡堂教授指出，**投保协议可去除陆资担心台湾政党轮替可能影响投资权益的心理障碍，有助于促进陆资入台的正常化，激励陆资信心。**

策略性联盟意图明显

在陆资入台进程中，一些大项目之所以成行，除了投保协议加持，还有一个重要因素是两岸企业的策略性联盟，由大陆企业入股台湾企业，或者共同成立新公司，成为同一战壕的战友，而非陆企在台湾单枪匹马地干。

大陆万通地产在台北阳明山上开发270多套度假式精装公寓，预计在2014年交付使用，该项目就是万通与台湾企业合作注册新公司运作的。当前，台湾对陆资投资岛内房地产十分谨慎，担心炒热房市，因此万通与台企结盟，可以把前期工作尽可能考虑周全，规避经营风险，并且较容易取得土地。

再以三安光电与璨圆光电结盟为例，一家是大陆LED行业的领头羊，一家是台湾最早上市的LED企业。璨圆光电董事长简奉任称，以往璨圆跟三安是竞争者，如今改变为合作的战略伙伴，使双方获益，将来双方进入实质性合作后，能进一步成为全面战略合作伙伴，同时扩大两家企业的国际影响力。

三安光电拟与璨圆光电进行全方位的合作，从采购、生产到销售环节。目前三安光电生产领域主要在显示屏、景观照明及室外照明，璨圆光电集中在背光领域，尤其是在电视背光领域，双方联合将增强生产领域的优势互补。在销售方面，璨圆光电以韩国、日本及台湾地区为主，大陆市场销量不到其收入的10%，而三安的市场刚好相反，双方合作可以实现市场的互补。

策略性联盟最重要考量点是优势互补，比如大陆企业有资金实力，却难以介入台湾的敏感领域和产业，联盟后便可以台湾的合作方名义申请项目，承建工程。

闽企引领陆资赴台潮流

4年多陆资赴台中，福建企业引领了这股潮流，稳居陆企赴台投资额首位。截至2012年底，大陆方面批准的陆资赴台金额，闽企约占七分之一，项目数约占四分之一。第一家赴台陆企是福建新大陆电脑股份公司，第一家赴金门陆企是厦门华天港澳台商品购物有限公司。

厦门大学台湾研究院副教授石正方认为，闽企扮演了陆资入台先行者角色，首先是因为闽台具有相同文化背景，血缘、文缘、法缘相通。正如当年台商登陆之初，福建是最重要目的地，因为台商了解福建，觉得福建亲切，过来投资放心。如今陆企入台之初，福建企业比较了解台湾，觉得台湾亲切，这对于初到陌生地方的企业来说，能有效增强他们的投资信心。

同时，闽企积极赴台得益于政策的有力推动。作为对台特色的海西经济区，福建着力营造宽松的闽台交流氛围，在厦金航线基础上，利用厦门、平潭两个对台试验地，以及两岸最大民间论坛——海峡论坛这个大平台，大大强化了彼此纽带关系，促使闽台民众往来更加热络。人员往来带来商机，福建民众在相互交流中，不断增进对台湾投资环境的了解。

石正方副教授表示，在陆企投资台湾之初，福建企业最集中，可谓合情合理，这体现出两地民众间的深厚感情，以及彼此间的密切联系。在大陆企业对台湾逐步深入了解之后，福建企业占比会逐步下降，这是可以预期的。

石正方也提醒说，**虽然闽企比其他陆企更了解台湾，但是对于台湾政策法规、投资环境、产业分布的了解，依然十分欠缺，所以赴台投资切忌盲目跟风，一定要做足可行性研究，找准获利空间，再见机行事。**

台湾中泉总经理王鸿源称，台湾市场很成熟，所以选择投资项目要很慎重，必须对整个市场进行综合考量，看项目是否对自己的经营有特殊帮助，找到市场机会，才能提高获利几率。

第十章
陆企舞剑宝岛，“沛公”何在？

台湾这么一块弹丸之地，如何能吸引大陆企业青睐的目光？陆企动机不一，有的要去赚观光财，有的想去练本领，有的欲借此通往世界，也有的图谋游向产业链更高端……

台北市八德路，有一家装修得很“淮扬风情”的冶春茶社，这不是一家茶馆，而是一家酒楼，连战、吴伯雄、江丙坤等岛内大佬不时到这宴请两岸嘉宾。

冶春茶社负责人陈军是江苏人，身兼扬州宾馆、冶春餐饮股份有限公司总经理。2010 年 5 月，冶春餐饮成为大陆首家入台的国有餐饮企业。

起初两年，陈军基本上都守在台湾；后来，他才开始大陆、台湾两头跑。他说，台湾的事业慢慢走上轨道，自己有更多时间兼顾大陆的事业了。

谈起台湾的经营体会，陈军说，台北是美食天堂，需要冶春展示最好的品质，提供最好的服务，并且精打细算，这样才有市场机会，才能获取利润。

到台湾赚取观光财

台湾服务业高度发达，到那儿竞争，可不是一件轻松的事！大陆服务业者过去，好比关公门前耍大刀，鲁班门前弄大斧，是需要勇气与本领的。去过台湾的大陆游客，相信都能感受到岛内餐饮业的服务水平，服务员笑容比阳光还灿烂，声音比春风还柔软，直让人舒服到骨子里。

冶春茶社在大陆是有百年招牌的淮扬菜名店，但是陈军丝毫不敢摆出老资格，更像一个小学生，不断地学习、磨合、调整。他让菜肴的价格更实惠，味道更清淡，还积极举办各种营销活动。

2013年，陈军计划在原有300万美元投资额基础上，增资30万美元，扩建宴会厅，拓展春酒、尾牙宴、生日宴、婚宴等多种业务，多方争取客源。他还精心把冶春茶社打造成两岸经贸官员洽谈事务的场所，以及在台的江浙同乡共叙乡情的会所。

陈军介绍，经过三年努力，冶春茶社总算在台北落地生根了，接下来要主打“人无我有、人有我优”产品，吸引台湾人民，吸引赴台自由行的大陆人民。他强调，逐年增加的自由行陆客，是冶春茶社的最大商机。

厦门华天港澳台商品购物有限公司也将目光投到了观光商机。2011年8月起，吴友华向大陆方面申请金门华天大酒店项目，经过国台办会签、国家发改委的项目核准、商务部的投资核准，2012年底办妥全部大陆手续后向台湾方面申请，2013年3月26日台“投审会”核准通过。

华天董事长吴友华风趣地说，以前金门是 “好山好水好无聊”，但在陆客自由行之后，金门很快“客如潮水”，与游客相关的酒店餐饮、农牧特产、观光游览等业务大有可为。他先后在金门成立了三家公司，分别经营酒店、特产及电动车游览业务，大赚观光财的企图心显露无遗。

台湾淡江大学副教授庄孟翰称，陆资可以考虑豪宅、商业不动产和旅馆酒店项目，例如台北车站双子星、桃园航空城、屏东大鹏湾、垦丁度假别墅等，这些项目均在这3类不动产之列，瞄准的都是游客观光商机。

去台湾取经，着眼大陆

台湾市场很成熟，很小，要想从里头分到一杯羹，并不容易。一些大陆企业投资台湾，并不是要分食台湾市场，而是前往练就一身好功夫后，回大陆施展拳脚。

上海的复星集团总市值200多亿港元，管理资产规模达到1500多亿人民币，2007年已在香港上市，而台湾维格饼家即使在复星投资后，公司资产规模也仅增加到18亿新台币。那么，复星究竟为何看上了维格？

据复星方面称，它通常投资行业中的龙头、领衔企业，维格是台湾凤梨酥生产商的佼佼者，年营业额达到10多亿新台币，并有望成为台湾第一家上市的凤梨酥企业。

其实，复星投资维格，可谓项庄舞剑，“意在大陆”。维格有一套糕饼自动化、规模化的生产能力，以及给产品说故事的能力，这是大陆糕饼业者所欠缺的，复星入股维格之后，就是希望把这套经营模式带到大陆发展，壮大旗下的零售、服务事业。

之前，维格饼家曾到北京设点，单枪匹马闯大陆，但失败了。2011年初，维格收掉设在北京前门台湾街的直营店，损失了数百万新台币的装潢费。此事令维格意识到：到大陆卖台湾商品，不如到大陆卖台湾模式。这一想法正好与想借助台湾经验开拓大陆市场的复星一拍即合，促成了这桩食品界姻缘。

万通地产在台湾建房子，也不是想把房子卖给台湾人，而是瞄准了赴台的大陆商务人士和大陆游客。万通总裁冯仑说，相当于把产自台湾的产品，推向广大的大陆市场。

把台湾当跳板，通向世界

首家投资台湾的大陆企业福建新大陆科技公司，其目光则从台湾向广袤的太平洋延伸，继而投向了世界。新大陆董事长王晶说，投资台湾绝不仅仅看中台湾市场，而是看中了台湾在知识产权、技术研发以及国际化方面的优势，想借助这一跳板，让公司产品行销全球，把台湾打造成新大陆面向全球服务的中心。

台湾经济研究院学者吕曜志认为，大陆企业的优势是资金，钱可以国际化，然而人的国际化程度不够，人才是大陆的劣势，却是台湾的优势。台湾具有快速反应的研发能力，以及周全的客户服务能力，并且与国际化接轨早，拥有丰富的人脉，重视知识产权，被国际大厂的信任程度不是大陆企业短期内可取代的。

福建省交通集团于 2010 年 5 月在台成立办事处，在 2012 年上半年成立福建东方海运台湾分公司，配合集团经营两岸集装箱运输、闽台客运、海员劳务技术合作等三大块业务。台湾分公司的工作重点除了推动闽台货运直航之外，更想寻求与台湾海运业者的合作，利用台湾的专业优势，通向世界航运市场。

三安光电结缘璨圆光电，一个重要图谋也是国际市场，三安光电可望通过参股璨圆光电，以帮助璨圆光电代工的方式打开台湾、美国、韩国、日本等市场，走上更加顺畅的国际化道路；三安光电还可借此绕开专利封锁，专利成为大陆 LED 芯片企业国际化的主要障碍，而璨圆光电与多家国际 LED 大厂完成了专利交叉授权。

一些企业**如果把大陆产品拆装到台湾后，重新组装或加工，变为“台湾制造”产品，不仅能提高品牌附加值，出口海外时还能有效规避反倾销、反补贴，获得更诱人的国际市场售价。**

取长补短，延伸产业链

三安结盟璨圆，还有一大利好是更加完善了产业链。璨圆光电作为台湾超大型 LED 外延厂，主要客户包括三星、LG、瑞轩、冠捷等电视大厂，这将大大拓宽三安光电的渠道资源。三安光电董事长林秀成曾表示，三安光电的项目设计产能原本足以称雄世界，但是业界的一桩桩合并案，使得三安排名退后了，三安参股璨圆，为冲刺这一目标提供了新契机。

在 2011 年开放的第二波陆资赴台项目中，最具含金量的包括芯片代工（例如台积电）、半导体封装测试（例如日光电）、面板制造（例如奇美、友达）、精密机械加工（例如鸿海）等四大类，这四类产值占到台湾 GDP 总量一半以上，是台当局重点扶持的战略性产业。台湾在这些产业的研发技术能力超强，陆资与之合作，有助于迈向产业链上游。

举面板业例子来说，如果大陆家电商能够参股台湾面板业，组成紧密的策略联盟，对台湾面板业来说可拓展庞大的大陆市场，对大陆家电厂商来说延长了零配件产业链，有助于旺季面板的稳定供应，减少因面板价格波动带来的经营风险。

南开大学台湾经济研究所所长曹小衡建言，陆资在两岸互补性强的产业中机会较多，例如台当局推出了生物科技、绿色能源、休闲观光、医疗服务、精致农业、文化创意等六大新兴产业，这些产业需要大量社会资本进入，陆资当可大有作为，而且这些新兴产业代表了未来发展方向，前景可期。台湾在这些产业的研发、设计、策划、营销环节优势明显，陆企参与投资，能使自身的经营链条更加延长。

第十一章
“MIT 小鞋”裹足，陆资行路难

陆资在台湾遭受的待遇，犹如穿着“三寸金莲”，行走在曲折的小径上；又如要进入一个大殿堂，敲开了殿堂大门，里面每个房门却还有“铁将军”把守。陆资赴台，看起来很美，做起来很难！

台湾当局1991年正式开放台商投资大陆，至2009年6月底累计核准投资大陆近800亿美元。在开放台商投资大陆18年后的2009年6月底，台湾当局不得不“礼尚往来”，开放陆资入台。

开放陆资4年多来，陆资入岛远不如预期，台当局虽然多次实施“松绑”政策，但是依旧没有改变对陆资限制与管制的思维，陆资无法享受与外资一样的基本待遇。

台资在大陆长期享受了“超国民待遇”，陆资却在台湾被视为“三等公民”，陆资在台投资经营，深切感受到了“小鞋”裹足、小脚走路的难受滋味。

而这双“小鞋”，贴的是“MIT”(Made In Taiwan)牌，地地道道的“台湾制造”。

正面表列就是正面歧视

中泉国际公司是泉州一家国企，涵盖进出口、航运、劳务、船务等多项业务，2010 年 5 月在台成立台湾中泉国际公司，本想大干一番，几年过去了，台湾中泉总经理王鸿源最大感受就是，“没想到在这经营会如此艰难！”

此前，中泉国际就开始向台湾的航运公司输送大陆船员，并对台输送大陆渔工，为更好协调这两块业务，中泉国际早早赴台成立公司，可是没想到在台经营项目会被严格限制。

起初，台湾中泉只能做会议会展、中介服务两项业务，中介还只可限于建材领域，后来好不容易增加了进出口业务。王鸿源说，他最想要的是输送更多船员去台湾，可至今大陆船员仍然只能输送给挂台湾旗的台湾船只，不能输送给挂国际旗（跑国际航线）的台湾船只，这种状况令他大失所望。

谈起在台业务，王鸿源难掩悲观之情，“至今仍在观望，无法规划。”他跟很多大陆商人一样，原先不清楚台湾对陆资所谓的“正面表列”是什么，后来明白过来了，正面表列其实就是正面限制。

台当局对外商投资一直采取“负面表列”制度，对陆企却采取“正面表列”制度。负面表列是指除了当局明确列出限制或禁止投资的极少数产业外，其他未列出的一概可投资，外商只要了解列出限制的少数产业即可，非常方便。正面表列是指规定或列出的产业为允许投资的产业，其他未列出的产业一概不允许投资。

中国社科院台研所王建民研究员指出，这显然对陆资是歧视待遇，显示出台当局对陆资更多的是限制，而非鼓励。

敏感身份与敏感项目禁止投资

在前三波陆资开放项目中，制造业领域虽然开放了 97%，但是在陆资有兴趣的诸多项目上，台当局加设了层层的锁，特别是关于陆资持股比例和对公司控制能力的高度限制。2011 年开放第二波陆资的 42 个项目，其中有 25 项制造业，有 10 个项目不设限制条件，10 个项目规定陆资持股不得超过 20%，还有半导体封装测试、液晶面板制造等 5 个项目的陆资持股不得超过 10%。这 5 个项目如果陆资与台资成立新公司，陆资占股比例必须低于 50%，且对公司不得具有控制能力。

2013 年 1 月，台“经济部”向“行政院”呈报的第 4 拨陆资松绑项目，最大亮点是七大关键技术产业松绑，包括发光二极管 (LED)、太阳能电池、集成电路、半导体封装测试、液晶面板、金属切削工具、电子及半导体生产用机械设备。据了解，这七大关键技术产业可望取消“陆资不具控制能力”的限制，但陆资持股比率仍不得超过 50%。

在开放的前三拨 408 个项目中，许多陆资感兴趣并有竞争力的项目不仅设置了限制条件，而且需经项目专案审查。台当局规定，陆资禁止以下投资案：在经济上具有独占、寡占或垄断性地位的投资；在政治、社会、文化上具有敏感性或影响“国家安全”的投资；对台湾经济发展或金融稳定有不利影响的投资。同时，高度限制大陆军方投资或军事目的投资。

南开大学台湾经济研究所曹小衡所长指出，**台当局规定“敏感身份”与“敏感项目”禁止投资，可没有具体点出哪些领域，人为操作空间大。**再如，实收资本额达到 8000 万元新台币以上的陆企，每年应向主管机关申报财务报表，有接受财会检查的义务，但没明确什么情况下台当局有权查陆企账目，操作变数大。

投资公共建设“四原则”

在投资公共建设方面，台当局禁止陆资承包工程，陆资只能作为项目的出资股东。王建民研究员表示，搞工程建设的最大利润在承包工程，如果只是出资配合台湾业者，利润空间不大，影响了陆资兴趣。

这些年，台湾每年在公共建设上的资金缺口达到 2000 多亿新台币，急需陆资注入，不过台湾“公共工程会”负责人强调，对陆资参与公共建设有四大“安全原则”：不影响台湾安全、社会观感，并且对岛内产业发展有正面助益、不冲击岛内产业。

“公共工程会”表示，对于恐影响台湾安全的建设项目，将会限制金额、投资比例以及投资区域、范围；对于社会福利设施或服务，若无限制开放，定会影响社会观感，这部分会考虑符合岛内民情与需求，酌予松绑，例如因应人口老化，开放投资老人餐饮、照顾等服务。

王建民评论称，**“不影响台湾安全、社会观感”，这非常抽象，难以定义，炒房炒地算不算影响社会观感？台湾对其他外资并不存在这类歧视，这种“莫名其妙的规定”，反映了其过度防范的原则。**再如，“对岛内产业有正面助益、不冲击岛内产业”，任何投资都会有正面效益和负面效益，壮大某些产业的时候，难免会削弱一些产业。

相关配套滞后，“小门”未开

王鸿源总经理介绍，**台当局在陆资投资的配套措施上虽然一直在完善，不过进度太缓慢，项目开放了，配套没及时跟进。这就如同一座房子，大门向你敞开了，里面的房间门却还锁着，让人不得其门而入。**

比如，台当局对于陆企人员往来限制严苛，核准陆企办事处可驻台 2 名陆籍干部，公司则按投资额确定陆干名额，赴台投资金额达 20 万美元以上，可申请 2 人赴台，在此基础上投资金额每增加 50 万美元，可申请增加 1 人，但最多不超过 7 人。

台湾中泉国际投资额为 200 万美元，第一年每次可派驻 6 名陆籍干部，可第一年因为营业额没达到 3000 万元新台币，第二年陆干名额被砍到了 3 人。“台当局扶持本地人的就业率，可以理解，然而我们有自己的难处！”王鸿源大吐苦水。

厦门华天港澳台商品购物有限公司董事长吴友华说，他在金门建大酒店，去哪儿找这么多工人？金门县常住人口仅六七万，而且青壮年劳力比例低，大陆劳工不准过去，那就只能从台湾本岛或者海外引过来，劳工工资是一笔巨大成本。

再说，施工中的管理、技术人员和机械设备如何解决？据台湾当局规定，陆资企业按投资额确定陆籍干部赴台名额，最多不能超过 7 人，如果需要从大陆多引入干部过去，或者要从大陆引入机械设备，到时候都得专案申请，吴友华希望台当局在这方面能开更大的口子。另外，酒店建成投入使用后，数量庞大的服务员又该如何解决，吴友华对此依然无解。

另外，大陆人在台湾买房子，有所谓的“三四五”规定，即购房后 3 年不得转让、在台每年居留时间不得超过 4 个月、银行贷款不得超过五成，此举虽然旨在防止陆客炒房，另一面却增加了大陆商人居留台湾的难度，降低了陆资赴台的意愿。所以至2012年底，台湾开放大陆居民赴台购房已有10年之久，以大陆人名义购房总数累计不足100套。

还有不少针对陆资的“紧箍咒”，如台湾当局可以向大陆采购商品，但不能向在台陆企采购；向陆资开放游览车运输项目，然而限定在9人座以下的小客车租赁……

厦门大学台研院经济所唐永红所长强调，陆资入台是一个涉及资金运作、职工招聘、土地房屋、人员居留等多方面的系统工程。相应地，大陆投资人及其眷属在台的停留、就医、就学、金融需求及购买不动产等方面，要有相应配套措施，“大门小门”一起开，才能让陆资跨大步。

第十二章
破除“安全”魔咒，陆资迈大步

台湾对陆资的喜欢是叶公好龙式的，叶公喜欢纸上的龙，害怕真正的龙。台湾喜欢象征的陆资，害怕实质的陆资。在内心深处，台湾人对陆资一直有“恐惧感”，这种感觉犹如幽灵盘旋着……

陆资为何在台湾备受歧视？对于陆资，台当局怎么想，民众怎么想，企业怎么想？

穿着“小鞋”碎步走，这样还要走多久？要等到第四波、第五波……还是第N波陆资开放，才能迎来陆资赴台的春天？

症结在于“安全”恐惧

时至今日，台当局对陆资一直抱持十分矛盾的心态：一方面岛内经济活力不足，公共建设没钱，急需陆资驰援；另一方面恐惧“巨无霸”陆资闯入之后，会来个“木马屠城”，台湾的“国家安全”、“经济安全”受冲击，支柱性产业股权被购买，

新技术遭泄密……

台湾大学经济系教授林建甫称，开放大陆资金来台，对经济不振的台湾“不啻是一剂强心针”，可他也担心，台湾只是一个浅碟型经济体，陆资来台若风险控管不好，大量陆资可能使台湾的经济及金融体系更加动荡，并且连带大量大陆民众来台工作，造成就业、居住、婚姻、子女教育的相关问题，这是台湾不少民众所担忧的。

对台湾企业而言，他们担心陆企个个块头大，资金雄厚，陆企进入台湾后，更增添了他们生存环境的险恶。所以在前三波陆资开放项目中，大多数是陆资没有竞争力、没有兴趣的项目，而在少数陆资有竞争力、有兴趣的项目上，则是严格控制陆资持股比率，为的就是保护台湾本土企业。

不愿透露姓名的福建省交通集团驻台办负责人称，由于两岸特殊的历史关系，台湾对大陆开放问题上极为谨慎，处处防卫，过度保护当地业者，一些业者也认为陆企过去争夺台湾市场，所以存有高度戒心。

厦门大学台研院经济所唐永红所长指出，**台湾对陆资采取了“特殊政策”，根源就是“安全”恐惧，对于陆资入台，台湾方面本着对台湾有利、风险控管程度小、不需两岸谈判等三项原则，“操之在我”地一点点挤牙膏式地开放。**

“对台湾有利”之辩

只是，作为其中最重要的开放原则“对台湾有利”，我们该如何来看？“对台湾有利”，真的对台湾有利吗？

唐永红介绍，在两岸投保协议耗时两年的磋商中，两岸最大分歧就是要不要加入“促进”，台湾方面只想讲“保护”，不想谈“促进”；但大陆方面要既讲“保护”，也讲“促进”。

这是因为，大陆对于台资早已敞开胸怀，并给予“超国民待遇”，台商投资大陆多年，遇到的纠纷日益增多，所以更想要“保护”；而陆资刚试水台湾，没多少实质性的经营活动，经济纠纷很少，所以迫切希望台当局能拆除各种歧视性障碍，更想要“促进”。

中国社科院台研所王建民研究员表示，任何经济合作肯定有利有弊，不可能百分百有利，关键看利大于弊还是弊大于利。大陆企业具备资金和成本优势，可能对台湾一些弱势产业产生负面影响，但是对台湾整体产业和总体经济的发展是有利的，利远大于弊，必须清楚地看到这点。

举例说，大陆开放外资，短期内对大陆民营企业有负面影响，但从税收、就业等宏观上有长期积极的帮助。**对外开放要从局部利益和整体利益、短期利益和长远利益综合考虑，不能一叶障目，不能只谈己方“保护”，不谈对方“促进”。**

王建民进一步说，台当局习惯性以台湾单方面需求来考虑，而不是从两岸互利双赢的视角来看待，没有从陆资需求来看问题。例如在金融机构互相准入上，台湾要求台资进入大陆享有优于外资的特别待遇，可是陆资进入台湾却要求低于一般外资待遇。“对台湾有利”，这种想法可以理解，却达不到通过陆资刺激台湾经济的作用，反过来会被民进党当成把柄，他们会说陆资入台效果远不如预期，对台湾经济没什么作用。

绿营喜欢贴“政治标签”

岛内对于陆资“安全”恐惧的形成，离不开绿营人士夸大其词、添油加醋的“功劳”。**大陆人士赴台工作，绿营人士就说大陆人来台湾抢工作了，台湾人将要失业了，把经济问题转化为政治问题，挑拨民间对立情绪。**

民进党前主席林浊水质疑陆资有“政治企图”，图的是台湾的资金和技术。民进党籍台南市长赖清德称，陆资会危害台湾的“国家安全”。绿营“立委”叶宜津则表示，台湾只需大陆市场，无需大陆资金。

王建民对此反驳称，民进党从来都以政治思维解读两岸经济问题，这个出发点极其错误。他反问道：“全球其他地方资金都去了台湾，怎么没见台湾出‘安全’问题？台湾资金来了大陆，怎么没见大陆出‘安全’问题？在两岸三通前，民进党说三通危及台湾‘安全’，结果是这样吗？”

“投资必定是对双方有利的，否则不可能合作。”王建民说，民进党的种种质疑实际上“不堪一击”。但他不否认陆资因此面临的政治风险，民进党一贯的反对态度，会让陆企有所顾虑，以后如果不是国民党执政，陆资面临的政治风险会更大。

厦门大学台湾研究中心副主任李非说，外资在台湾资本中所占比重很小，陆资所占比重更加小，因而陆资对于台湾的资本构成影响很有限，然而总有绿营人士拿来说事，给陆资贴上“政治标签”。他预言，**因为台湾营利空间很有限，加上可能面临的政治风险，短期内陆资赴台的象征意义大于实质意义。**

应当实质性开放陆资

唐永红呼吁，台当局只有尽快提高陆资待遇，改正面表列为负面表列，对陆资的象征性开放转变成实质性开放，实现陆资入台正常化，才能有效吸引陆资，进而激励其他外资赴台，台湾“全球招商”计划才可大功告成。

当然，这个前提是台当局消除“安全”恐惧，不断增强自信心，并且增强两岸互信，让他们坚信陆资不是要吃掉他们，他们也不会被吃掉。

唐永红介绍，两岸投保协议包括投资待遇、透明度、便利化、减少投资限制等规定，体现了ECFA（两岸经济合作框架协议）关于投资促进的规定，但只是原则性要求，对投资正常化和自由化没定出时间表和具体规划，这些原则性要求仍寄希望于台当局落实。

台当局能否积极落实ECFA及投保协议，尚需观察。就像本世纪初台湾与大陆几乎同时加入了WTO，但台湾并没有落实WTO的公平协议，至今未给同是WTO成员的大陆正常化经贸待遇。

今后台湾向陆资开放的项目，陆资感兴趣的电信网络、房地产、承揽业或许会尽快被列入，可是王建民说，如果没有必要配套，对陆资来说仍然意义不大。

什么时候陆资与外资在台受到同样对待，陆资的刺激效果就能真正体现出来。王建民很希望，台湾当局能够以ECFA和投保协议为契机，尽可能提供宽松环境吸引陆资，从政策名义上开放陆资，转变为实际意义上开放陆资。

第十三章
大陆人要去台湾炒房？

炒房，大陆人对这个词汇再熟悉不过了！随着陆客、陆资赴台，“炒房”也正在台湾持续发酵，大陆因素挑动着台湾房市的敏感神经。对于台湾房市，陆资是活水还是洪水，我们将拭目以待。

大陆人的腰包，难道真要去炒热台湾房地产？

台湾民众对陆资炒房的担心不是空穴来风，温州炒房团曾经把大陆多处房市炒翻天，特别是从2003年以来，大陆房价简直像是服了兴奋剂，火箭发射般地往上蹿，其间虽然偶有回落，但总体涨势未歇，搞得大陆官方于2013年初又出炉“国五条”打压房价。岂料，这年大陆房价涨势比上年更加凶猛！

还有香港的前车之鉴。2003年6月，香港和内地签署CEPA(更紧密经贸关系安排)，自2003年第二季至2007年10月，香港房价竟然大涨了3.4倍。投资者的狂欢，却是普通民众的“噩梦”！

从2009年6月开放首波陆资赴台项目以来，两岸迎来一系列开放利好，很大程度上造成了台湾房价的上涨预期，特别是在ECFA（两岸经济合作框架协议）助推之下，岛内业者期待陆资能够开创台湾房市的“黄金年代”。

陆资入台引发的诸多预期心理，正在岛内持续发酵，台湾房市在这种心理作用下，吸引来各路资金，演绎出纷繁复杂的房市混战。

几度涨跌，几家欢乐几家愁
台湾第四波房市热持续延烧

台湾淡江大学副教授庄孟翰几十年来一直关注台湾房市，他对岛内房市的风吹草动，可谓点滴在心头。他说，从20世纪70年代以来，台湾房市有过几波热潮，前两波分别是1973—1974年、1979—1980年，那时恰逢世界石油危机，造成物价飞涨，民众为了使资金保值增值，纷纷转攻房地产，带来房市荣景。

1988—1989年是第三波热潮，那时台湾刚开放老兵回大陆探亲，冰封数十年的两岸交流坚冰开始消融，同时台湾取消外汇管制，吸引来大量海外资金，政治上取消戒严，投资环境改善，房地产急速升温，以抗议房价暴涨的“无壳蜗牛”行动剧首现台北街头。

1990年以后，随着产业外移大陆，岛内有钱人纷纷“登陆”，台湾房市盛极而衰，进入了十多年低迷期。从2002年起，台当局加大低利优惠房屋贷款额度，土地增值税减半实施，并开放大陆民众与外商投资台湾房地产，2003年台湾房市开始回温，成为第四波热潮的起点。

庄孟翰称，1990年香港新房均价为每平方米2万多港币，1997年香港回归前涨至14万港币，之后步入下坡路，2003年非典时跌至低谷6万港币，房价惨跌六成五；从2003年6月与大陆签署CEPA后，房价一路狂涨，至2008年全球金融危机前冲到18万港币。

台湾人最担心步香港房价后尘，大起大落之中，富人赚得流油，而一般购房自住的民众，却无力承担震荡性的房价。因此，对于第四波房市热，台湾人十分敏感而且警惕！

与大陆房价几乎一样，从2003年以来，台湾房价也呈现总体螺旋式上升态势，2008年9月全球金融危机爆发，房价稍歇了口气。不过在2009年，台当局大幅调降遗产赠与税，从原先的最高级50%的多级税率调降为统一税率10%，并推出多项优惠房贷，开放陆资、陆客赴台，2010年两岸商签ECFA，2011年开放陆客自由行。一系列两岸利好措施，促使投资客纷纷抢进卡位，包括许多大陆台商回流，台湾房市渐趋火热。

特别是两岸签署ECFA和陆客赴台自由行之后，台湾房市是否会大量增加外需，造成房价暴涨，导致贫者愈贫、富者愈富，成为岛内非常担心的观察点。这个担心的逻辑是：ECFA促使台湾经济好转，失业率下降，增加了民众购买住房需求；大陆游客自由行，增加观光酒店需求，店面交易会更热络；大陆企业到台湾投资，增加了豪宅和办公楼的需求，势必带动豪宅和商业地产价格。大陆因素已经刺激了岛内房市的兴奋神经！

早在2009年底，台当局就组织网络民调，结果显示都会区房价成了岛内民众的“十大民怨”之首。为了平抑民怨，台当局从2011年6月起实施了主要用来打击炒房的奢侈税，对于买房一年内出售者，课税房价的15%，一年以上两年内出售者课税10%。

不过，岛内执政者对打房始终不敢用力过猛，他们强调房地产是经济的火车头，不能胡乱打房，所以不敢太用力打击开发商，而以补贴购房者为主。2012年8月，台湾实行房产实价登录制度，在房产商的强大压力下，对房产商的课税仍以其远低于实际价格的公告现值为准，实价课税仍被束之高阁。

开放带来繁荣，但是经济面可以繁荣，房市却不宜太火热，特别是住房价格不能太离谱，以至于让平头小民成为一辈子痛苦的房奴。

陆客购物、陆企办公、陆资抢入
岛内商用地产交易火热价格飙升

2010年1月28日，台北市仁爱路一块116坪（1坪相当于3.3平方米）土地，售价7.89亿元（新台币，下同），平均每坪679万元。同一天，台北市罗斯福路一块87坪土地，售价6.27亿元，平均每坪719万元，创下当时全台最高地价。

2010年10月，位于台北忠孝东路四段的安泰商业银行出售一楼店面，161坪店面售出9亿元，平均每坪557万元。庄孟翰副教授称，该店新主人是亨得利公司，亨得利是大陆高级消费品零售及代理商，商品以中高级名表为主，这次是有陆资背景的企业首次公开竞标台湾房地产。

仅仅过了两年多，天价屡被刷新。位于忠孝东路与敦化南路交界处的顶好市场一楼店面，每坪均价超过千万。2012 年 8 月 17 日，富邦金控以 67 亿购买台北西门町万国大楼，平均每坪土地价及楼面价为 1733 万元。

2013 年 8 月 27 日，新加坡私募基金“首峰资金管理”以 24.75 亿元，买下台北市中华路、忠孝西路的 216 坪土地，每坪土地单价 1147 万元，约合每平方米 71 万元人民币，荣登台湾“新地王”。

庄孟翰表示，从 2009 年以来，台北市精华地段商用地产价格涨幅最大，基本上在 50% 至 100% 之间，其中一个重要推力是陆客自由行。自由行陆客集中在台北市 101 大楼、忠孝路、西门町、士林夜市、永康街一带购物，相当程度催热了相关地段的店面，致使地价、楼价飙涨。

顶新集团魏家兄弟 2009 年以 37 亿多元买下台北 101 大楼近 20% 股权，成为最大的单一民间股东，后来增持股份到 37%。魏家兄弟投资岛内商用地产，因 101 而一炮打响。此前，虽然贵为全台最高建筑，101 大楼却是“高处不胜寒”，经营惨淡。2008 年陆客赴台游启动，2009 年陆企赴台成行，101 大楼一下咸鱼翻身，不但陆客喜欢往里面的高档商店跑，大陆企业也喜欢在全台第一高楼设点办公，使得大楼空置率大幅下降。

尽管 101 租金已升至全台最高，陆企还是抢破头往里挤。2013 年初，中国国际航空入驻 101，成为第 11 家在 101 租用办公室的大陆企业，而 101 大楼总租户数仅百家左右，陆企占到了十分之一，大多是交通银行、中石化、中石油、中国国际航空这类的大型企业。

陆企、陆客赴台，给岛内办公场所、商业店面带来了广阔的想象空间，加上陆资的积极加入，大大激励着其他资金入场。据戴德梁行台湾分公司研究报告称，2011 年台湾商用不动产交易金额创历史新高，全年交易 1378 亿元，其中岛内寿险公司投入 567 亿元，占全部交易额的 41%。

台湾北部地少人多，以台北市最典型，该市土地供给量稀缺，产生“闭锁效应”，造成土地标售价越来越高。台北市又以大安区、信义区为最精华区块，全台“地王”几乎都出在这里。今后在陆企陆客逐年增长的租购需求下，台北商用地产价格逐年摸高几乎是没有悬念的。从这个意义上说，陆资是台湾商用地产涨价的重要推手，并不为过。

想炒住房？“345”紧箍咒套着！大陆民众入台买房十年不足百套

新北市北投，淡水河边的一处山坡地，这儿兴建了“万通台北2011”的高级住宅，总户数200多套，定于2014年交付使用。该项目是陆资赴台开发的第一个房地产项目，大陆万通集团与台湾建商“南国建设”在新加坡合资成立新公司，开发了这个项目。

万通掌舵者冯仑对外宣称，“万通台北2011”主要客户是大陆民众。据庄孟翰透露，这些房子主要卖给旅居海外的大陆人，至2013年初已经预售了六七成，每坪六七十万元，约合每平方米4万多元人民币，大约是同期新北市一手房均价的2倍。

台当局2002年开放大陆个人赴台买房，2009年开放陆企赴台投资后，允许大陆企业赴台买房。台湾方面统计，从2002年至2012年底，大陆民众以陆资名义在台买房的，不到100套，主要是在台有亲戚朋友的大陆人购买。

大陆个人在台买房，戴上了“345”紧箍咒：“3”指的是持有房地产3年内不得出售，“4”指的是房主一年内最多只能在台停留4个月，“5”指的是购房贷款最多只能5成。大陆企业购房虽然没有“345”限制，但是大陆企业购房仅限“自用”，购买住宅必须以在台工作需要为前提，而不能像大陆个人一样可在台自由买房。

不过这百套房子当中，并没有包括一些大陆人以外资名义在台购房的，比如在2008年，福建地产商考察团成员在台中一次性订购了“乡林皇居”12户豪宅及一户店面，作为各自企业在台的招待所及联络处，总成交价13亿元，这些商人均以香港、新加坡等外资名义买下房产。

有传闻称一些大陆民众以台湾的亲戚朋友名义来买房，可是这方面没有真实数据，庄孟翰认为即便有，也是极其个别的，毕竟这样做风险很大。

因此，**陆资并没有吹皱台湾住房市场的“一池春水”，在种种限制性规定之下，陆资赴台买房，不太可能像传说中的豪爽与可怕。**厦门的台湾食品进口商吴先生担心，两岸局势是否能一直平稳，如果有朝一日在台买了房子，人却过不去了，那样岂不亏大了？

台北“一级战区”住房供不应求 民众担心大陆财团整片买下

台湾岛内普遍认为，对大陆开放后，台湾住房价格必然大涨。事实上，经过2008年9月发生的全球金融危机之后大约半年，台湾住房价格就开始重振精神，昂首向上。

台湾房价有几个层级，第一层级是台北市，第二层级为其他“五都”（新北、桃园、台中、高雄、台南），第三层级为其他县市。庄孟翰介绍，以2012年房价来看，台北市一手房均价每坪达79万元（约合每平方米5万多元人民币），新北、桃园30多万元，台中、高雄、台南为20多万元。

近年台湾房价高涨，主要集中在台北市。从2003年至2008年，台北一手房每坪从39万元涨到60万元，之后再涨到2012年的79万元，弄得台北人怨气高涨，房价成为他们的民怨之首。

就台北市而言，信义区、大安区更是“黄金地段”，2012年这两个区的一手房均价每坪均超过了120万元。台北市顶级豪宅每坪房价甚至逼近300万元，位于敦化南路的“敦南枢苑”开价每坪280万元，该楼盘每户面积150—200坪之间，意味着每户至少要4.2亿。位于台北仁爱路的帝宝豪宅，一套二手房就卖出了每坪280万元。

庄孟翰分析，台北住房价格屡创新高，首先是供求因素。据台湾“营建署”统计，2012年第三季台湾总户数763万户，住宅存量共820万户，表示房子还多出家庭户57万户。就“六都”而言，只有台北住宅供不应求，其他“五都”均供过于求，这造成了台北房源最为紧张。

除了民众的内需，台北房市还有旺盛的外需，特别在2008年两岸关系大幅改善之后，许多大陆台商衣锦还乡，回流购买豪宅。他们在大陆累积了大笔财富回台，却找不到合适的产业投资机会，于是豪宅成为目标。顶新魏家兄弟先后在帝宝购买了9户豪宅，香港壹传媒老板黎智英竟然一次性在台北新生南路、毗邻大安森林公园的“顶高丽景”买下9户豪宅。台北市政府公告的每坪均价超百万、每户均价8000万元以上的豪宅，已达1万多户，这些豪宅也有力拉高了台北整体房价。

再者，就是预期心理的作用。不少岛内民众纷纷卡位，买下房产地产，先养着，等将来租售给前来的陆商、陆客、陆生。因而，这几道力量，共同演奏出台北房价狂欢曲。

台湾乡林集团董事长赖正镒认为，**陆客赴台自由行之后，大陆民众到台湾可以来去自由，这是他们购买台湾房子的最大动力，也是台湾房市面向陆客迎来的最好商机。**2011 年 7 月，赴台自由行首批客人之一的北京市民颜莹，到台中参观了乡林集团项目“乡林皇居”后大发感慨：“那根本就是一间超豪华酒店！其重视细节的程度令他叹服——房子规划时就注意到如何呈现最美的户外景观，以及建成后要种什么树。”

乡林集团在台北市建设的另一项目“乡林大境”，笔者前往看到，有一套房子面积约 100 平方米，却只有一个房间，其他的是客厅、餐厅、厨房等。赖正镒介绍，这种房子是专门卖给到台休闲的客户，很适合一人或一小家到台休闲游的陆客。

除了陆客，还有陆商加持。大陆企业在台设点，不仅催热商用楼价格，也将催热岛内豪宅价格，一大批大陆员工将在台湾长期工作、生活，这批人士同样会成为在台买房的新生力量。有些岛内民众就很担心，大陆某个财团过来把整片地或整片楼买下来，再哄抬价格，将会造成无法承受的房价之重。

第十四章
台商经第三地登陆，增还是减？

两岸投保协议给从第三地登陆的台商服下“定心丸”，使他们不再栖身于不受法律保护的灰色地带，这将给台商登陆方式带来什么变化？经第三地登陆的台商，今后将增加还是减少？

2012 年 8 月 9 日，两岸两会签署《海峡两岸投资保护和促进协议》（以下简称投保协议），这是两岸双向投资历程中具有里程碑意义的事件。**投保协议的一大亮点，就是把经第三地投资大陆的台商，也纳入了保护范围，给多年来隐身“地下”的那些台商一道“护身符”，他们不再是不受两岸法令保护的栖身于灰色地带的台商。**

大陆台资半壁江山是间接投资

据大陆方面统计，截至 2013 年上半年，大陆累计批准台资项目 88984 个，实际使用台资 583 亿美元；实际利用间接台资也有 500 多亿美元，合计利用台资上千亿美元。间接台资指的是绕经第三地、以外资名义进入的台资，而非从台湾直接以台资名义进入。

而据台湾方面统计，仅就直接投资部分，台当局早在 2011 年就已累计核准台资投资大陆上千亿美元。为何在直接投资部分，两岸统计相差如此之大？这主要因为两岸统计口径不相同，大陆统计的是实际利用资金，台湾统计的是核准投资金额，核准的投资未必就能兑现，或者还未兑现，核准投资与实际投资有一个时间差。

以 2011 年数据为例，据台当局“投审会”统计，当年核准台商投资大陆 575 件 131 亿美元，分别比上年增长 11% 和 7%；但据商务部统计，当年大陆批准台商投资项目 2639 个 21.8 亿美元，分别下降 14% 和 12%。

在间接投资部分，两岸认定方法也不一样，监管渠道有差别，而且缺乏通气，双方对于这部分投资的统计同样相差甚大。岛内甚至有观点认为，台商投资大陆直接、间接金额合计已在 3000 亿美元以上，是大陆仅次于港资的第二大外资。

特殊历史条件的“特殊产物”

数量众多的台资热衷于绕经第三地登陆，有其特殊的历史条件。在 20 世纪 80 年代初，一些台商看好大陆改革开放带来的历史机遇，于是躲开台当局监管，在第三地注册公司，以外资名义抢滩大陆。比如第一家投资大陆的三德兴水泥，便以新加坡公司名义登陆。

在 1987 年台当局开放民众赴大陆探亲之后，许多台商借探亲之便，纷纷来到一水之隔的福建投资考察，并把视野从福建辐射至周边。那时台当局还未开放台资登陆，台商也只能经第三地以外资名义进入。

1992 年，大陆确立社会主义市场经济发展方向，台当局修改“两岸人民关系条例”，允许台商投资大陆，出现了台商投资大陆热潮。不过两年后，李登辉实施“戒急用忍”政策，对投资大陆严格管制，按企业资产规模严格控制其投资大陆上限。陈水扁执政时期，对两岸经贸实行 “积极管理，有效开放”政策。

可以发现，**在多年来台资登陆历程中，台当局设置了一道道门槛，若有违规者，就可能受重罚或被追究刑事责任。在此情形下，绕道而行，成了相当数量台商不**

得已的行为。在 1997 年之前，相当多台企以港资名义登陆；1997 年之后，许多台企改从开曼群岛、维尔京群岛进入大陆；2003 年之后，许多台企又改为以港资名义登陆。

保护“转投资”是历史突破

这种颇具“两岸特色”的绕道投资行为，在马英九 2008 年上台之后，得到较大改变。马当局把企业投资大陆上限从 20%、30%、40% 等阶梯式计算法，统一调高到 60%；如果是营运总部设在台湾的企业，赴大陆投资则不设上限。这为台企投资大陆创造了更大空间。

这种空间除了投资上限之外，还包括：投资审查的松绑，一般投资案只需简易审查；投资领域的扩展，相继开放台资投向大陆面板、芯片等敏感领域。

投保协议签订之后，纳入经第三地投资的台商，无疑消除了台商畏惧被处罚而绕道的压力，这是对两岸特殊的历史和现状做出的回应。全国台湾同胞投资企业协会常务副会长、龙凤集团董事长叶惠德说，把经第三地投资大陆的台商企业纳入协议保护范围，解决了长期以来的“台商身份定义”难题。

上海市台协副会长、元祖集团董事长张秀琬表示，**把经第三地投资大陆的台商企业纳入保护范围，一直是台商呼吁写入投保协议的焦点，由于这类企业为数众多，对台商而言，协议是一颗“定心丸”。**

台湾商业同业公会理事长张平沼也表示，投保协议将这些占有相当比例的“转投资”台商纳入保护范围，是一个非常大的突破，因为怕被打压而经第三地的台商会大大减少。

主动经第三地策略性投资或增加

厦门大学台湾研究院经济所所长唐永红称，投保协议关于第三地投资的条款主要用来解决历史遗留问题，此前大陆单方面出台的《台湾同胞投资保护法》，针对的是直接投资的台商，并没包括经第三地的台商。

唐永红表示，2003 年内地和香港签订 CEPA 之后，许多台商为了利用香港的优惠政策，就跑到香港注册公司转投大陆，不过如今两岸签署了 ECFA 和投保协议，做出了一系列紧密经贸安排，经香港等第三地投资大陆的诱因自然减少了。

不过，今后仍会有部分台商为了躲避台当局的关卡，经第三地曲线登陆。比如投资大陆芯片和面板产业，台当局均规定最新技术不能赴大陆，这显然削弱了这类台商在大陆的竞争力，所以绕道仍会是他们的选项之一。

对于经第三地转投大陆，中国社会科学院台湾研究所王建民研究员提出了一个新观点，他认为今后经第三地投资大陆有可能增加。

他解释说，**以前经第三地，主要原因在于台当局的限制，和对大陆的不了解，以外资进入比较方便，是一种被迫行为；而在投保协议之后，“第三地台商”获得了法令上的保护，更使他们可以放开手脚，大胆进行全球布局，激励他们经第三地投资的行为，这时变成了一种主动行为。**

例如将公司注册在香港、维尔京群岛、开曼群岛等免税或低税地区，再投资大陆，不仅减轻了税收负担；而且从全球布局的战略性层面考量，资金出入更加自由，不易受两岸时局牵制，更有助于公司成为一家全球性的公司。从财税和战略意义考虑是否从第三地登陆，是今后台商的主要考量点。

王建民强调，台资经第三地投资大陆将出现什么变化，是投保协议之后非常值得关注的一个点。

第十五章

台商回流，可否汇流成河?

当初台商奔涌大陆的大潮流，如今形成一个支流返回台湾。这种回流只是一段小插曲，还是一个大趋势？只是涓涓细流，还是将汇流成河？

全国台企联常务副会长、厦门台商曾钦照来厦门投资二十几年，近几年越来越觉得这儿生意难做，人力、土地、水电、税收等各种成本不断上升，企业主营的电器遥控器、手提电脑触控板、电脑键盘等电子产品，随着平板电脑的普及而销量大减，迫不得已，他也走上了从二产向三产的转型之路。

他说，能转型的就留下来，没法转型的只好离开。离开到哪儿？无非几种选择：一是往大陆内地转移，二是往东南亚一带转移，三是回流台湾。曾钦照介绍，**台商回流有两种情况，一种是从大陆连根拔起回去，因为这种企业在大陆生存不下去了；另一种是着眼于两岸的产业布局，这种是回流的普遍现象。**

台商回流越来越热络

据台湾“经济部”投资处统计，从2002年至2006年9月份以前，平均每年约十件台商申请回台投资案。2006年9—12月，回台投资20多件20多亿元（新台币，下同），2007年为73件141亿元，2008年127件204亿元，2009年106件362亿元，2010年107件409亿元，2011年62件469亿元，2012年57件共519亿元。

自2012年11月至2014年底，台当局实施“加强推动台商回台投资方案”，规划要用2年多时间促成台商回流2000亿元，其实至2013年上半年，就促成了台商回流1800多亿，进度远超预期。

可以看出，从2007年以来，台商回流金额几乎每年跃上一个新台阶。回流企业包括康师傅、旺旺、85度C、天福茗茶等一批在大陆高知名度的台企。以生产康师傅方便面闻名的顶新集团，拟投入2亿美元回家乡台湾彰化建设顶新文化园区，以展示其在大陆成长壮大的发家史。

在回流台商当中，八成以上属于大陆台商。许多大陆台商预期2008年国民党将胜选，看好两岸开放前景，因此从2007年开始陆续回流投资。南开大学台湾经济研究所主任曹小衡教授认为，**随着两岸关系持续好转，回流台资会越来越积极、越来越热络，这种趋势已十分明显。**

曾经，台商浩浩荡荡来到大陆；如今，他们络绎不绝返回台湾。是什么促使他们踊跃回流？今后台商回流是否能够汇流成河？

大陆经营成本上涨快

厦门台商黄如旭的部分产品生产选择了向菲律宾转移。他主营箱包、皮带等产品，这类传统行业属于劳动密集型产业，对劳动力成本十分敏感，菲律宾劳动力成本约为大陆一半。

曾钦照表示，很多人以为大陆劳力便宜，其实不然。大陆劳工的工资很大程度不是由市场机制来决定，而是由政府决定，政府规定劳工基本工资每年调涨幅度，“十二五”期间更是规定年增速要在15%以上，令企业的人力负担沉重。

富士康从广东北移到四川、山西、河南等地，原以为有大批廉价劳动力，但事实上仍然遇到招工难问题。郑州官员为解决这一问题，还肩负了为富士康郑州厂招工的任务。2012 年 10 月，富士康郑州厂因为人手紧缺，又要赶工 iphone5，使得不少工人无法如期休息，酿成了千人罢工事件。

曾钦照称，大陆高昂的经营成本除了劳力，还有土地使用税费、环保费等各种税费，相对来说台湾的生产经营成本比较单纯。以企业所得税来说，大陆是 25%，台湾是 17%。

曾钦照觉得台湾除了“土地少、人力少”的劣势之外，地理、政策环境很适合企业做出口生意，尤其这些年台湾经济停滞发展，生产要素成本已相对便宜，只要台湾有合适的投资机会，他也会返台投资。

台湾知名财经人士、前“立委”雷倩认为，**多年来台湾经济相对停滞发展，使得台湾在某些产业和地方产生了价格优势，不再是一个昂贵的生产要素市场了，而且有高素质的人力配套，对大陆台商返回产生了一定吸引力。**

台当局优惠力度加码

正当很多大陆台商彷徨于何去何从之际，台当局向他们伸出了橄榄枝。2012 年 11 月台当局启动的“加强推动台商回台投资方案”，分别从资金、人力、用地、关税等方面予以支持，这是历年来台当局吸引台商回流力度最大的一揽子优惠政策。

从 2008 年全球金融危机爆发以来，台湾便积极寻求各路资金，以增加经济活力。然而岛内民间投资 2008、2009 年相继负成长，2010 年反弹，同比增长 33%，但从 2011 年第三季至 2012 年上半年，随着欧债危机蔓延扩大，民间投资连续四季负成长。

在吸引外资方面，从 2008 至 2011 年每年平均引资约 55 亿美元，相比以前明显下滑。据台湾“投审会”统计，从 2004 至 2007 年，台湾吸引外资金额分别为 39.5 亿美元、42.2 亿美元、139.7 亿美元、153.6 亿美元。不难看出，后四年与前四年相比，外资投资台湾，成长乏力。

而在吸引陆资部分，台当局态度谨小慎微，不敢迈大步，从 2009 年 6 月 30 日至 2013 年底的 4 年半，仅核准通过陆资 8.6 亿美元，对待陆资依然采取“正面表列”

的歧视做法，陆资赴台短期内难有大突破。

因此，吸引台商回流，被台当局寄予厚望。马英九当局把遗产赠与税从上限50%的五级税率，调降为单一税率10%，把企业所得税从25%调降到17%。陈水扁任内时也出台了土地、融资、租税等优惠政策，推出2000亿元的台商回台专项贷款，实行土地租金“006688”（即前两年零租金，第三、四年租金6折，第五、六年8折）优惠。

只是，陈水扁任内吸引台商回流失败。厦门春保钨钢总裁廖万隆说，企业要有投资机会，如果回到台湾赚不到钱，条件再优惠也没用。台湾中原大学吕鸿德教授认为，成长机会远比优惠政策重要，哪儿有利润，哪儿有市场，台商便往哪儿走。

向大陆开放是最大诱因

观察近年来的台商回流历程，开放是最大诱因。**陈水扁主政台湾8年，为了“根留台商”，阻断资金流向大陆，实行“锁台”政策，非常反讽的是，这加速了资金流涌向大陆，让台湾深受“失血之痛”。**

马英九主政后，采取向大陆开放政策，首先拿掉了戴在大陆台商头上多年的“40%紧箍咒”，上调至60%，如果台商把总部设在台湾，那么对大陆投资不设上限。台商以海外控股公司名义在台上市，募集资金也可全数投资大陆。

雷倩女士称，2008年两岸“三通”，使过去台商被迫离开台湾到大陆投资的必要性降低了，今后他们在台湾同样可以经略亚洲、全球市场，两岸未来可持续的开放态势，使台商返台信心增加，这是台资回流的最重要诱因。

2010年两岸签署了经济合作框架协议（ECFA），之后签署了后续的投资保障协议和服务贸易协议，加上2012年两岸签署的货币清算合作备忘录，**一系列开放政策增加了两岸生产要素流通的便利性，大幅降低了流通成本，两岸开放成为台商回流的最大驱动力。**

雷倩认为，台湾如果能形成三个“中心”，台商回流将成大潮：一、成为集资中心，获得充沛资金，创造金融服务业的春天；二、成为知识经济中心，把智慧财产权转化成经济效益；三、成为台商全球营运中心，台商在台北经略亚洲，甚至全球。

不过，厦门大学台湾研究中心副主任、博导李非表示，大规模投资台湾的时候已经过去，现在资金回流属于正常的经贸现象，台商会继续向大陆内地转移，寻找新的投资机会，回流终将是一股小潮流！

回台炒房需引起警惕

这些年，台湾不少高速公路旁边，“欢迎台商回来购房”的宣传语比比皆是，一些台商几百亩上千亩买地。厦门台商杨鸿明一直很关注回流台资的去向，据他观察，这些资金相当多流向了房市、股市。许多在大陆成功发展的台商，衣锦还乡购置房地产，特别在台北繁华地段购置豪宅，已成为一种新趋势。

廖万隆说，新北、台中、高雄、台南等城市房价其实并不高，升值空间不小，拉回不少台资卡位。另外，大陆民众赴台游日益热络，有不少回流资金奔向观光旅游行业，忙着盖旅馆酒店、建休闲别墅。

台湾政治大学经济系教授林祖嘉担心很多台商回来炒房地产，台北市房价就被炒高了，尤其是台北的顶级豪宅主要是被台商炒热的，他希望台资能回流到实体经济，增加就业机会，增加当局的税收。

曹小衡说，不同企业有不同的需求，如果是高科技导向的台企，会更加看重岛内能否在技术人才、创新扶持政策上有相关配套。技术型厂商需要研发成果，台湾有人才，并且比较具有从日本、欧美引进新技术的管道。而资金密集型企业回台湾比较容易上市或借款，返台可能性也高。

如果是市场导向的企业，考虑重点是物流成本。台商回流后，销售产品的物流成本是增加了还是减少了，会是他们的思考重点。如果是主要市场在大陆的台商，返台设厂可能性低，他们思考重点是就近销售。

许多生产电子产品的台商也在蠢蠢欲动，电子产品回台组装能增加附加价值，在很多海外客户看来，“台湾制造”比起“大陆制造”更有可信度，产品售价就能提高。

PART THREE

第三部分

财金脉动

◎两岸金融中心“抢试”，只争朝夕！

◎台北人民币离岸市场的厦门机会

◎两岸“货币直航”号角吹响

◎货币直航时代三大猜想

◎两岸股市直通车大陆鸣笛起步

◎台湾“财政破落户”如何形成？

◎台湾地方财政“造血”功能萎缩

◎历经波折，台湾证所税能走多远？

◎“逗你玩”的台湾证所税

第十六章
两岸金融中心“抢试”，只争朝夕！

全国唯一的两岸区域性金融中心，厦门抢尽了媒体风头。不过在聚光灯背后，该中心却有着“少年维特式”的成长烦恼。该如何长大，该长成什么样子？真是一个问题！

初夏，厦门环岛路两旁景色更加青葱，树木婀娜，一派南国醉人风姿。在这条路的外侧，是白沙碧海，鱼群戏浪，鸟儿逐波。

从厦门会展中心沿环岛路北上，外侧景点有香山国际游艇码头、观音山游乐区、五通灯塔公园等，休闲游乐味浓厚；内侧则是商业色彩浓厚，一路上去有厦门会展中心、会议中心、软件园二期、观音山商务营运区、万达广场等。

从会展中心一直到五缘湾南路，位于环岛路内侧与环岛干道之间 6.5 公里长的狭长地带，面积约 22 平方公里，有个统一名称“两岸金融中心”，它经国务院批准设立，并写入全国“十二五”规划和《海峡西岸经济区发展规划》。

2013 年 6 月，厦门两岸金融中心获得国务院批准满三周年，作为全国唯一的两岸区域性金融中心，它从被批准之日起，便吸引来全国关注的目光。

现状篇

台资金融群聚效应不彰

在厦门两边的金融城市，一边是上海，面向海外，向全球吸纳金融精英；一边是深圳，紧靠全球性金融中心香港，作为香港金融大港的辅港。上海、深圳之间的海西地区，可视为两大金融板块间的洼地，即两大金融城市无法有效辐射的区域，厦门由此空隙崛起于金融城之列。

厦门还与另一金融城市台北遥相呼应，彼此隔着台湾海峡，一衣带水，命运相连。**厦门与上海、深圳的最大不同处在于，厦门是“两岸区域性金融中心”，它打的是两岸牌，辐射的区域是海西区以及台湾。因此，能否打好两岸牌，事关两岸金融中心成败。**

如何打两岸牌？厦门大学台湾研究院经济所副教授石正方指出，两岸金融中心建设思路是在此前厦台金融合作个案基础上，通过扩大试点，吸引更多台资金融项目和台资金融机构入驻，形成台金融机构的群聚效应，并力争成为大陆各大金融机构对台金融交流合作的窗口、基地。

然而截至 2013 年 6 月，台湾 10 家银行在大陆共设立了近 20 家分行，没有一家分行落户厦门乃至海西，台银行业者的最爱仍是上海辐射区域长三角，其次是深圳辐射区域珠三角。银行业是金融领域的核心产业，因对台而设立的两岸区域性金融中心，却没有吸引来台银行业者的关爱眼神。

金融机构设立总部少

至 2013 年 6 月，两岸金融中心已获批 3 周年，开工建设超过 2 年，据两岸金融中心指挥部统计，合计落户项目与在谈项目 300 多个，预计投资额为 580 亿元，已完工 38 栋大楼，在建 78 栋大楼，标志性建筑两岸金融中心大厦高 200 多米，不日将投入使用。

两岸金融中心大厦傲立于厦门东海岸，毗邻厦门国际会议中心，视野轻松越过香山国际游艇码头，投向了远方深蓝色的海天交界处。

现已入驻或欲入驻金融中心的金融机构当中，绝大多数为驻厦办事处或厦门分公司，而罕有区域性经营总部或大陆经营总部，入驻机构层级过低，必然影响两岸金融中心的辐射能力。2011年底，厦门市政府曾经出台规定，对新设立或新迁入金融中心的法人金融机构最高奖励3000万元，以鼓励金融总部建设。

台籍证券分析师、东莞证券厦门营业部首席顾问杨博光称，中高阶人才通常跟随总部脚步走，办事处主要吸引低阶人才，所以厦门要努力争取总部级的金融机构入驻，吸引高端金融人才汇聚。只有总部金融机构扎堆了，金融中心才算名副其实。

厦门大学台湾研究院经济所唐永红所长认为，厦门辐射区域的经济规模、产业配套、内外通道，都不如长三角、珠三角，要想吸引台金融机构过来，必须有更加优惠的政策，但至今没看到厦门有胜过上海、深圳的优惠政策，造成了今天台金融机构不来扎堆的现状。

在唐永红看来，优惠政策远远不是奖励多少，金融机构看中的不是一点点奖励，而是在厦门可以做其他地方不能做的业务，做事情的空间更大，公司的发展空间更大，这个才是金融业者最在乎的政策！

厦门应建两岸金融学院

杨博光指出，**打造两岸金融中心，一方面要让大陆认识台湾金融业，另一方面要让台湾认识大陆的金融业，让两岸金融人才认识对方的法律、制度、环境等，这在当前做得很不够。没有了解，便谈不上融合，金融人才交流是金融中心建设的先头工作。**

为了吸引台金融人才前来，杨博光举例说，厦门能否首开先例允许他们可以使用厦门临时身份证，以此让他们享受到厦门的市民待遇？杨博光“现身说法”介绍，他在厦门交了2年住房公积金，2013年初突然被告知不能交了，因为他是台胞，“如果我用厦门临时身份证，应该就没这个问题了吧”。他说，他没在台企上班，而是在大陆企业上班，为什么不能像陆企其他员工一样交公积金?

杨博光强调，对一个高端人才而言，人才奖励、住房补贴是一方面，但是更重要的是让他们能够随企业融入当地，融入市场，随企业发展而发展，并进而领导企业成长。

厦门银行台商业务部总经理吴至祥建议称，厦门应该筹建两岸金融学院，促成两岸金融人才大交流，把金融格局做大，请来两岸专家授课，并发给学员跨两岸金融执业的证照，最终把厦门打造成两岸金融人才高地。此举不仅有助于让厦门金融城的台味更浓，而且有助于吸引更多金融机构前来设立区域性总部。

挑战篇

层级过低 观念误区
争取开放政策不易

唐永红所长指出，两岸金融中心硬件建设操之在我（厦门市），这个好办，但是软件建设操之在上头，最重要的是争取中央的支持。他点出问题本质是“顶层设计”，**两岸金融中心最大瓶颈是缺乏顶层设计，它包括特殊立法、特殊体制、特殊政策三方面，有无“三特”，是决定两岸金融中心成败的关键。**

唐永红表示，照理说试验区应该有特殊体制，即层级很高的领导小组，这个小组要由各部委抽人组成，直接隶属中央。可是厦门两岸金融中心没有“三特”，因为没有中央层面的直接领导，一方面要纵向争取主管单位“一行三会”（中国人民银行和证监会、银监会、保监会）的支持，一方面要横向争取中央相关部委的支持，只好忙于“跑部运动”，游说优惠政策。

可是上头要求两岸金融中心能够把原则性要求予以细化，就是说你适合做什么，能够做什么，我再给你什么优惠政策。台湾大学财务金融系教授沈中华称，一个金融中心不可能什么业务都做，要有主攻方向，才有核心竞争力，比如资产管理中心（帮富人理财）、企业筹资中心（帮企业融资），还是外汇集散中心？这关乎金融中心这艘航船驶向何方。

唐永红却持不同观点："规划先行是错误观念，它有极大的风险！"如果相邻的台北，或上海、深圳做了这个业务，厦门怕竞争不过，是否就不做了？他以为，做不做什么业务，关键看市场需求，一点竞争都没有的领域，反而做不好，当然过度竞争也不易做。

唐永红认为，**每个金融中心的特点不是事先规划好的，是在竞合过程中慢慢形成的，所以要先全面发展各项业务，优胜劣汰后自然形成支柱性产业，市场永远比专家聪明。"因为规划依据是当前的比较优势，但是优劣势在不断转化之中，一开始就搞差异化竞争很危险。"**

因此，两岸金融中心当务之急不是去思考该做什么，上头也不要抱持"你适合做什么，我就给你什么政策"的迷思。"瑞士有什么钟表资源？却发展为全球最知名的钟表产业聚落，这个谁能事先规划出来？"唐永红反问。

唐永红分析，**厦门两岸金融中心优惠政策推出缓慢，问题就出在老是考虑适合做什么，再向上头争取相关优惠，这是计划经济的思维，而非市场经济的脑袋。**

这就好比一个小孩很小时，家长就规划小孩以后要成为什么"家"，这几乎都是失败的。小孩将来有什么作为，靠小孩在社会中去磨炼、摸索，最终找到适合本人的发展道路。

怕被"矮化"想要"对等"
台当局持消极、戒备心态

两岸金融中心面临的另一挑战是台湾方面的配合热情低。两岸金融中心作为金融特区，既要有大陆的开放政策，也要有台湾的政策与之相呼应。否则，大陆允许台业者来到试验区，但台湾当局不放手，台业者还是无法过来。

唐永红介绍，两岸金融中心和台湾规划的"六海一空"自由经济示范区，都是两岸在整体开放推进之前的先行试验区，整体面、区域面开放"双轨同进"。海西经济区、平潭实验区也体现了这个思路。然而台湾方面对海西的这些试验区一直不太积极配合，台当局着眼的是两岸整体面开放的推进。

就如台当局虽然规划了“六海一空”自由经济示范区，于2013年8月8日正式上路，可是自由经济示范区历经了波折，已延宕多年，即便如此，至今依然遭到岛内绿营的强大反弹声浪，其推进力度有多大，成效有多大，需审慎乐观。

台当局不愿在区域面开放“随海西起舞”，除了绿营因素之外，其不想被“矮化”的对等思维也是重要原因。吴至祥总经理说，台湾当局觉得与大陆当局是平等的，所以不想“自贬身价”跟大陆一个区域去谈；再说，台湾与大陆谈整体层面的开放，获得的利益更大。

因此，对于厦门搞两岸金融中心，台当局抱持着消极、戒备的心态，这在相当程度上影响了两岸金融中心的发展。

整体开放 加速推进
挤压试点的开放政策空间

两岸金融整体面开放速度的加快，也使这个被赋予“先行试验大陆对台金融合作的重大金融改革创新项目”的金融中心，面临日益严峻的挑战！

2009年4月，两岸签署框架性的《海峡两岸金融合作协议》，当年11月签署实质性的《两岸金融监管合作备忘录》，2010年1月生效，标志着两岸金融业的实质开放。2010年12月，台湾第一商业银行上海分行开业，成为台湾银行业“登陆”经营首例；2012年7月，中国银行台北分行开业，开创陆资银行赴台经营的先河。

为了给两岸金融合作摸索经验，大陆沿用了试点先行的做法，考虑到厦门对台区位优势，以及之前富邦银行参股厦门银行、台湾人寿与厦门建发合资成立君龙人寿等个案经验，2010年6月国务院同意在厦门建立两岸区域性金融服务中心，次年3月全国发布“十二五”规划纲要，提到“推进厦门两岸区域性金融服务中心建设”。

接下来的两三年，两岸金融开放速度超出了许多人的预期：大陆银联卡可以在岛内刷卡、取款；两岸货币清算机制上路，货币直航开启；台湾开办人民币存汇款业务；大陆境内的台湾居民开始炒A股了……

与此同时，大陆单一银行投资台湾上市柜的银行或金控，上限从5%提高到

10%；所有陆资银行投资台上市柜的银行或金控，上限从10%提高到15%。相对应地，大陆允许台资银行在一个省区内跨市设立支行。中国工商银行协议认购台湾永丰商业银行20%股份，成为首家通过参股方式投资台湾金融业的大陆银行。

这些表明，**两岸金融开放正在从1.0版本迅速升级为2.0版本，并将升级到更高的3.0、4.0等版本。两岸金融开放整体面的推进，为两岸金融交流打开了更广阔的空间和领域，自然也包括厦门；但是也使厦门两岸金融中心可独享的政策开放空间受到挤压，金融试验区的优势在急剧缩小，这是厦门的重大挑战！**

出路篇

围绕两岸，全面争取优惠政策

“与上海、深圳这两个金融城市相比，其实厦门也有优势，就是空气好，环境好，生活舒适度高，但是一定要有开放政策相配套，厦门才有竞争力。”吴至祥表示，目前两岸金融中心除了给予金融高管收入的税收优惠，以及奖励法人机构入驻之外，基本上没有其他优惠政策。

“金融中心不能光盖大楼，如果引不来金融机构，这些楼就会成为蚊子馆。”吴至祥说，优惠政策一来，到时候再多大楼也不够用。

唐永红所长也称，不能光看现在已入驻两岸金融中心的数字，许多业者是冒着风险进来的，如果他们看不到优势所在，将来也会迁移到其他地方。

举例说，做大两岸金融中心的企业融资业务，前提是要确保足够多的“银弹”。现在境内的企业总部向境外融资，要经过外管局、发改委等部门审批，厦门能否尝试“开小灶”，打通审批的层层关节？这样不仅能吸引银行前来设立区域或大陆总部，而且可吸引企业来设立总部。

企业总部多了，企业以厦门为中心辐射全球的资金流通量就大，金融商品增加，反过来又会吸引更多银行前来服务。一些全球性的金融中心，由于金融衍生业务繁荣，其外汇进出额甚至是对外贸易额的几十倍之多。

唐永红建议，**厦门向上头争取优惠政策时，不要被“我适合做什么，我就争**

取什么”的思路束缚，因为一个地方适合做什么，是一个高难度的问题，厦门应该全方位开放，只要大陆还未向外资金融开放的政策，都要积极争取过来，先行先试之后，让市场自然选择。

考虑到厦门金融城的两岸特色，开放政策应当围绕两岸主轴。吴至祥说，例如放宽各家银行的外币、人民币放款额度，可规定前提条件是与两岸投资、贸易相关的融资要占到一定比例，以此激励金融机构扶持两岸经贸交流。

降低准入门槛，扩大经营领域

唐永红指出，**开放政策主要包括两大方面：一是降低准入门槛，让更多金融机构进驻；二是扩大经营领域，让它们进入后可以做更多业务。**

台金融机构普遍规模小，资本额少，大陆规定外资保险公司的准入门槛是“532条款”，即保险公司总资产50亿美元、经营保险业务30年、设立代表机构两年以上。2010年ECFA(两岸经济合作框架协议)早收清单中，以台资保险所在金控集团50亿美元作为资本门槛。厦门可否在此基础上进一步降低门槛，以体现试验区优势?

ECFA早收清单把台资银行登陆门槛从“232条款”降到“121条款”。“232条款”指外资银行来大陆设立办事处两年才可升为分行或子行，分行或子行营业3年、最近两年盈利才可经营人民币业务。“121条款”则相应在每个环节上减少了一年。唐永红建议，厦门两岸金融中心可尝试把“121条款”变“11条款”，台资银行过来就能直接设立分行或子行，营业1年并盈利1年就能经营人民币业务。

台湾政治大学经济系特聘教授林祖嘉也称，大陆规定台资银行参股大陆银行比例要低于20%，厦门如果能放宽到49%，对于台资银行会具有很大鼓舞性。他说，台湾加入WTO以后，外资银行并购台湾银行便没有任何限制，可以百分之百控股，这反而促使本土银行更加注重提升自身竞争力。渣打银行就把新竹银行的几十个分行全买了，百分之百控股。另外，台资保险业在大陆成立合资公司，按规定参股不得超过50%，并且合作方须为国企，厦门能否就此也有所突破?

从自由化到对台离岸金融中心

虽然，两岸金融开放是一个动态的不断演进过程，还有许多未开放领域，需要一步步放开，厦门依然有许多先试空间；但是，两岸金融整体开放在加快推进，逼迫厦门这个两岸金融试验田必须“只争朝夕”，抢在大部队行进之前，担当起侦探兵探路的角色。

唐永红表示，**长远来看，厦门两岸金融中心的试验之路，应该沿着这条路径前行：从正常化到自由化，再到外资享受内资同等的国民待遇，最后发展成对台离岸金融中心。只有这样，两岸金融中心的试验空间才能不断扩张。**

金融开放最初阶段是正常化，指的是双方遵循 WTO 规则，并按照向 WTO 承诺的市场开放与准入水平要求，双方金融机构可彼此进入对方领地经营。按国际惯例，双方开放金融市场先正常化，再自由化，但是两岸情况特殊，当前台湾向大陆金融开放还在向正常化迈进，大陆向台湾金融开放已向自由化迈进。

2010 年初两岸金融监管合作备忘录生效之后，大陆对台湾金融业的开放就实现了正常化水平，台金融业在大陆享受到外资金融业的待遇。在 2010 年 6 月 ECFA 服务贸易早收清单当中，这种开放由正常化迈向了自由化，台金融业获得了比一般外资更优惠的特殊安排，调降了准入门槛，例如银行业“登陆”条件由“232 条款”降至“121 条款”，保险公司资金门槛参照所属金控集团。

不过唐永红强调，两岸金融业规模、体量差异太大，决定了透过 ECFA 推进金融自由化的过程要比较漫长，需要分步走，在这个进程中，厦门必须把握住机遇。

吴至祥与唐永红都赞同，两岸金融中心的终极目标是成为对台离岸金融中心，不受在岸法规的管辖，两岸货币进出自由。**“展望未来，随着全球资讯电子化水平、区域经济紧密程度、自身核心竞争力的提高，两岸金融中心辐射范围势必从最近的地方开始，犹如涟漪，一圈圈由内往外荡漾开来，直至很远。”**唐永红如此描述着两岸金融中心的远景。

第十七章
台北人民币离岸市场的厦门机会

人民币国际化之路，犹如一艘大船在全球航行，人民币离岸交易市场是这条国际航线中的大港，台北如果成为大港，厦门有望当其辅港，这是厦门两岸金融中心的巨大商机。

截至2013年底，台湾金融机构的人民币存款突破1800亿元，其中，台银行的国际金融业务分行(OBU)人民币存款444亿元，外汇指定银行(DBU)的人民币存款1382亿元。

这时离台湾外汇指定银行当年2月6日开办人民币存款业务不足一年，而作为目前全球唯一的人民币离岸交易中心香港，2004年1月开放人民币存款业务，到2009年底人民币存款才达到627亿元。

显然，人民币在台湾发展速度远胜当年的香港。当前，新加坡、伦敦、巴黎、台北等城市都在争夺第二个人民币离岸交易市场，台湾对此信心满满，积极展开了人民币多项业务。

台湾人民币资金池不断做大，对最邻近的厦门而言，也意味着庞大的人民币商机。

岛内人民币资金池做大

台湾人民币存款累积速度较香港快，主要得益于跨境贸易结算。香港虽在2004年1月开放人民币存款业务，但后来才逐步开放人民币跨境结算。从2009年7月人民币跨境业务试点以来到2013年上半年，人民币跨境结算超过了内地贸易额的10%，就是说每10元进出口业务中，有1元是以人民币来计价结算的，当时人民币已成为全球第13大贸易交易货币。

2012年台湾对大陆贸易顺差954亿美元，2013年顺差增至1160亿美元，年顺差额与香港现有的人民币资金池规模相近，今后如果每年台湾顺差额只要有20%以人民币计价，三五年便可达到香港的人民币规模。

自2012年以来，人民币商机在岛内从理想一步步变成了现实。2012年8月，两岸签署了《海峡两岸货币清算合作备忘录》，两个月后生效，开启了两岸货币直接、双向流通时代，为岛内建设人民币资金池创造了条件。

此前，人民币和新台币因为没有清算机制，无法直接现钞兑换或贸易结算，必须绕经香港先换成美元或港币，时间长，手续费高，并且多一环节的汇兑风险。同时，台湾金融机构无法及时、直接、充分地获得人民币供应。2012年下半年，中国银行台北分行成立，解决了人民币在岛内的供应问题，为人民币资金池开通了“水管”。

下一步，两岸还将启动货币互换协议，岛内势必获得更充裕的人民币供应。岛内人民币数量多了，必须创造更多的人民币金融商品，以多样化商品来“消化”这些人民币。2012年9月，**台当局推出了“两岸特色金融业务”，作为今后台金融业的最重要发展方向，两岸特色金融其实就是指与人民币相关的业务，包括人民币存汇款、人民币债券、人民币保单、人民币基金等。**

人民币资金池需要回流

台湾的人民币资金池，池水不足时需要大陆及时补充，池水过剩了，一部分会流向海外，一部分要回流大陆，只有形成了这种良性循环，资金池才能流水不腐、活力不竭。

2013年3月12日，台湾"中信"银行发行了岛内第一档人民币债券"宝岛债"，发行面额共计39亿元人民币。人民币债券可以帮助企业向民众融资，民众手头人民币多了，用来购买债券可获得比银行存款利息更高的回报，企业可借此解决向银行融资难问题。此外，"宝岛债"融来的人民币投资到大陆，实际上形成了一条人民币回流管道。

香港在建设人民币交易市场过程中，发行了人民币债券"点心债"，从2007年起至2012年底，已发行超2900亿人民币。不过，"点心债"最初远没有这次"宝岛债"风光，"宝岛债"不仅受到岛内青睐，一些海外机构也嗅到了商机，表示要入台发行"宝岛债"。台"金管会"表示，宝岛债发行主体还要从台企扩及大陆企业。

2013年12月10日，交通银行、中国农业银行、中国银行、中国建设银行等四家银行的香港分行在台同时推出"宝岛债"，总计发行67亿元人民币。

人民币另一条重要的回流管道，是两岸银行间的人民币同业代理账户。比如说，台北富邦银行与厦门银行签订了人民币代理清算协议，台北富邦银行在厦门银行开设有人民币同业代理账户，台北富邦银行可透过厦门银行与大陆各地银行进行人民币结算，此举自然方便了岛内企业人民币回流大陆。

2013年2月起，台湾民众可以每天汇8万元人民币到大陆，7月为此开通人民币中文汇款平台。到2013年底，台湾人民币汇款总额首破千亿元大关。台湾开放民众向大陆的人民币汇款，又是一条新的回流管道。

香港发展人民币业务前几年，进展缓慢。2010年人民币回流机制建立后，当年人民币存款从上年的600多亿增加到1000多亿。2012年底人民币资金池（包括存款、投资、贸易额等）超过6000亿元。**台湾现有存款30多万亿新台币，只要有10%转为人民币存款，就有7000多亿人民币，超过现在香港人民币资金池规模。由此带来的人民币回流，正是厦门应该把握的庞大商机！**

厦门应发挥两岸金融中心优势

在东莞证券厦门营业部就职的台籍证券分析师杨博光比喻，人民币国际化之路，犹如一艘大船在全球航行，人民币离岸交易市场是这条国际航线中的大港，比如香港是大港，深圳是香港的辅港。

将来，台北如果成为继香港之后的人民币离岸第二个大港，届时厦门便可充当台北的辅港。大港的人民币进出自由，作为辅港，也需配套人民币自由进出政策，大港货源过剩时从辅港回流到大陆，货源不足时通过辅港予以补给。

杨博光表示，**人民币离岸大港的人民币必须进出自由，辅港也要相对应地人民币进出自由，这样主辅港才能互动起来。厦门是两岸区域性金融中心，有条件实现两岸货币进出自由。厦门的这个功能，为当好台北辅港奠定了基础。**

实际上，厦门已经开始了一些探索。厦门是大陆第一个提出建立两岸跨境人民币结算清算群的城市，至 2013 年底，厦台两地已有 28 对 56 家银行签订了人民币结算清算协议，也就是说有 28 家岛内银行在厦门设立了人民币同业代理账户，搭建起人民币回流的便捷通道。

厦门银行台商业务部总经理吴至祥称，厦门应该多组织大陆的中小企业到台湾筹资，台湾无论是银行借贷，还是债券发行，融资成本都远低于大陆。中小企业在大陆融资不易，所以在厦门组团陆企入台筹资可行性高。这样不仅帮助大陆中小企业取得资金，而且有利人民币回流。

第十八章
两岸“货币直航”号角吹响

两岸继通邮、通航、通商之后，迎来了通汇。两岸之间“币畅其流”，将带动货畅其流、人畅其流，从而深刻影响到两岸经贸布局与民众日常生活。

2013 年 2 月 6 日，离蛇年春节还有几天，不过处处已洋溢着浓浓的节日氛围。这天，对于两岸金融业者来说，更是人逢喜事精神爽。

这天，大陆直接运往台湾的人民币，正式与岛内民众见面，他们自此可以在岛内银行开设人民币存款账户，并进行人民币投资理财。

同一天，首批 2500 万元新台币现钞也从台湾运到了大陆。台湾银行作为大陆地区的新台币清算行，当年 4 月 2 日正式启动了人民币与新台币双向兑换，并直接向大陆银行供应新台币，大陆银行无需再绕道香港取得新台币现钞。

两岸货币直航正式开启了！两岸继通邮、通航、通商之后，迎来了通汇。货币直航除了两岸现钞直接供应对方之外，更解决了两岸贸易过程中两岸货币的直接清算问题，告别以往必须借助美元、港币等第三方货币进行清算的历史。

台商杨先生的地下汇兑经历

此前，厦门台商杨先生一次到厦门的银行汇款到台湾，不仅手续十分烦琐，而且每天汇款额限制严格，手续费很高，他觉得汇款成本太大，一会就走出了银行。

他采取了一种变通办法，先在大陆找到需要人民币的台商，比如给对方100万元人民币，再由对方在台湾的母公司把等值新台币交给他的家人。

如此一来，双方都免了汇兑手续费，不过这只能适用于彼此信任的熟人圈，有时没找到合适朋友，杨先生也不得不通过地下金融机构转款。例如从大陆汇100万元人民币到台湾，假设人民币对新台币汇率是1比4.6，应该等值460万元新台币，地下金融机构可能按1比4.4付款，付给440万元新台币，赚取20万元新台币手续费。

地下汇兑不安全，没有法律保障。可是在两岸数十年经贸交流中，两岸地下汇兑规模却逐年扩大，成了许多台商两岸资金流的选择。

值得杨先生高兴的是，2012年10月31日，两岸货币管理机构签署的《海峡两岸货币清算合作备忘录》正式生效，此后，台湾银行上海分行成为大陆新台币的清算行，中国银行台北分行成为台湾人民币的清算行，正式吹响了两岸货币清算机制上路的号角。

两岸货币间接、代理清算实践

此前，两岸银行间也存在几种货币清算途径：一、透过香港金融机构清算；二、透过台湾金融机构境外分支机构（OBU）清算；三、两岸间一些商业银行进行的清算。

我们知道，**货币兑换发生在客户与银行之间，货币结算发生在银行与银行之间，银行收的外币多了，需要抛货；外币少了，需要补货。而抛补之间需要清算行（或清算代理行）作为结算行为的中间人。**

长期来，两岸未能建立货币清算机制，两岸货币无法直接清算，只好绕道香港，沿着“三通”之前客流、物流同样的轨道，与香港“亲密接触”后再奔赴目的地。岛内银行人民币多了或少了，或者大陆银行的新台币多了或少了，都要到香港的汇丰银行和美国银行进行抛补。

2010 年 10 月，中国银行香港子行（中银香港）开始向岛内的台湾银行和兆丰银行提供人民币现钞，再由这两家银行向岛内其他商业银行提供抛补，两岸汇款、贸易、投资款也可通过中银香港进行清算。但是即便如此，两岸货币仍要在中银香港先汇换成美元或港币，再换成对方货币，因此还是间接清算。

一些大陆台商通过台湾金融机构海外分行（OBU）进行两岸通汇，OBU 是台金融机构设在海外的据点，所以资金还是绕了第三地，并且也要先换成中间货币再结算。事实上，绝大多数台商没有在台金融机构 OBU 设立账户，仍要绕香港通汇，或者像杨先生一样走地下金融管道。

第三种清算方法是通过商业银行代理清算。2012 年 4 月，厦门银行与台北富邦银行签订人民币代理清算协议，台北富邦银行在厦门银行开设人民币账户，台北富邦银行可透过厦门银行的清算，与大陆各地银行进行人民币结算；同样，厦门银行也可透过台北富邦银行的中介，与岛内银行进行人民币结算。

厦门银行台商部总经理吴至祥表示，厦门银行与台北富邦银行的这种点对点合作模式，构建了人民币在两岸的直航通道，为两岸建立货币清算机制积累了经验，但是没有建立新台币在两岸的直航通道。

而今，两岸官方直接向对方提供现钞，两岸货币无需绕经第三地，或经第三方货币清算，从而构建起人民币和新台币在两岸间的全面直航通道，由此给两岸企业、民众带来了实实在在的好处。

企业：通汇手续费减少，风险降低

两岸“币”畅其流，打通了两岸经贸往来的最后一根 “肠梗阻”，将有力推动两岸经济一体化进程，深刻影响两岸产业格局，并且为企业省下通汇的大量时间、金钱成本。

2012 年，两岸贸易额逼近 1700 亿美元，2013 年更逼近 2000 亿美元。这个贸易往来的资金流，此前绝大多数要绕道香港，由香港金融机构办理清算。举例说，台湾企业把货卖到大陆，大陆买家的人民币货款要先到香港换成美元或港币，汇到台湾后再换成新台币。到香港绕了一圈，中间多了一层手续费，多了一层汇兑风险。

其中症结就在于两岸没有货币清算机制。由于新台币与人民币都不是自由兑换货币，又没有签订清算协议，两岸货币无法进行直接交易，所以须透过第三种货币来清算。在美元持续走弱的大背景下，两岸货币兑换成美元，企业汇率风险明显加大。

厦门大学台湾研究院经济所唐永红所长表示，**两岸货币直接清算上路后，两岸贸易如果用人民币计价，大陆企业就完全免除了汇率风险；如果用新台币计价，台湾企业就完全免除了汇率风险。**

其实，两岸资金流除了巨大的贸易额之外，还有两岸投资额、汇款额，以及现钞兑换额，2012年两岸金流高达6000多亿美元，这庞大资金流因为两岸直接通汇，估计能为企业节省近千亿新台币手续费。

由于台湾开放陆企入台投资时间短，目前大陆台资是台湾陆资的数百倍。通常说来，贸易由投资所带动，所以两岸资金流所节省下来的高昂手续费，大陆台商是最大获利者。

中国社会科学院台湾研究所王建民研究员称，建立货币清算机制、两岸货币直航是台湾十分关注的问题，它帮台商节省了大量汇兑成本，减少了汇率损失和手续费损失；随着大陆企业投资台湾的增加，直接通汇也能帮助陆企节省大量成本。

民众：增加理财产品，利好赴台游

两岸货币直航也关乎两岸民众的切身利益，比如汇款，今后不用再绕道香港，承担不必要的两次汇兑时间、风险和手续费。如今两岸每年汇款总额达到十万亿新台币以上。

台湾大学财务金融系教授沈中华以为，货币清算机制建立后，台湾民众最务实的好处是人民币正式被台当局视为“外币”，人民币存款、汇款及放款可逐步到位，民众可设立人民币账户来投资理财。

2013 年 2 月，台湾的外汇指定银行（DBU）全面开办人民币业务，向台湾民众开放人民币存贷业务，初期限额每人每天2万元。至2013年底，台湾的人民币存款已达1800多亿。台湾民众除了存款，还可以投资人民币计价的基金、债券、保单、存托凭证，以及其他金融衍生品，2013上半年人民币债券“宝岛债”开卖。

人民币商机，对台湾普通民众来说可以套汇套利。因为人民币持续升值，把新台币换成人民币，就能坐享货币升值商机；同时人民币存款利率远高于新台币、美元等，把人民币存到银行，领到的利息也相对丰厚。所以，台湾民众热衷人民币存款，或者是人民币计价商品。

货币直接清算带来的新台币理财产品，大陆民众期望值则不高，毕竟与人民币相比，新台币是一种弱势货币，升值前景不看好，存款利率很低。不过大陆民众赴台交流时，会更加方便了。2013年大陆民众赴台观光、交流、经商总计超过287万人次，大量大陆民众涌入台湾，带来了庞大的两岸货币兑换需求，货币直航让大陆民众兑换新台币更加省时省钱。

安全：打击地下金融，规范汇兑市场

有效快捷的合法通汇管道，将有力打击形成多年的两岸地下汇兑市场，规范两岸资金流通秩序，保障资金往来安全。之前受制于两岸货币清算机制没有建立，人民币在岛内又被高度看好，产生了人民币伪钞及其地下黑市问题。因为只要一个东西供不应求，就容易产生假货，并成为“炒作”题材。

在厦门经营酒店的台商高先生介绍，在大陆炒房和做小生意的台商经常会选择地下汇兑，地下汇兑相比正规汇兑，快捷、便利，灵活性高，双方可根据市场供求来讨价还价，不过风险很大，假如被“黑”吃了，也不能受到法律保护。唐永红所长指出，地下汇兑类似于货物走私，是资金的“走私”，属非法行为。

唐永红坦承，**两岸地下汇兑规模究竟有多大，很难统计，今后两岸货币清算更便捷、更便宜了，非法的地下汇兑就会被大大挤压。合法管道越粗壮，非法管道就越细小。**

前些年，在厦门中山路一带，经常会碰到货币“黄牛”兜售港币，这也是地下汇兑行为，反映出当时港币供不应求，后来人们能够很容易从银行换到港币，这类“黄牛”自然慢慢消失了。

王建民称，两岸货币清算机制本质上是解决两岸货币的供求关系，人民币在台供应少了，由中行台北分行及时供货；在台供应多了，由它及时把多余货源回流到大陆，此举当然会打击伪钞和黑市现象。

第十九章 货币直航时代三大猜想

展望未来，两岸货币直航开启了诸多可能：新台币兑换何时在大陆遍地开花？人民币何时成为台湾的外汇储备货币？台湾能成为下一个人民币离岸市场吗？

两岸步入货币直航新时代，资金通道“化曲为直”，两岸民众、企业资金往来更省钱省时更安全了，也增加了新币种的投资理财产品，这些都是眼下即可享受到的好处。展望未来，两岸货币直航也将开启诸多可能，诸多猜想可望成真。

猜想一：大陆新台币兑换遍地开花

两岸货币清算的正常运行，会直接刺激两岸货币兑换行为。清算因兑换而起，兑换因清算而加速。

两岸货币兑换一路走来，十几年一点一滴坚冰消融。1998 年，中国银行在厦门、福州开办新台币兑入业务，2004 年中行在福建沿海 5 市开办新台币兑出兑入业务，2009年中行的新台币兑换扩大到福建全省。2010年交通银行在上海开办新台币兑换，同年兴业银行在福建也开办了同样业务。至2012年底，大陆的中国银行、招商银行等13家银行已开办两岸货币兑换业务，每人每次限兑新台币6万元。

台湾方面，2004年允许台民众一次最多携带6000元人民币入岛，2005年开放金门马祖试办人民币兑入兑出业务，厦门至金马两岸往来民众每次最多可兑换2万元人民币。2008年，台当局开放全台范围的人民币兑换，台湾民众每次最多可兑换2万元人民币，企业不在开放之列。

近年来，两岸货币兑换点逐步扩大，面临的清算瓶颈越发突出。厦门为了突破这一瓶颈，2012年，多家商业银行厦门分行与台湾业者签署了货币代理清算协议，加快了两岸货币兑换进程，至2012年底，厦门已有8家银行获得了两岸货币兑换资格，兑换量占到大陆地区的1/4。

多年来大陆清算新台币很麻烦，大陆民众对新台币的需求又不大，因而银行办理新台币兑换的积极性不高。

厦门大学台湾研究院经济所所长唐永红预测，**随着大陆民众赴台游更加热络，新台币在大陆的需求日渐看涨，以及清算问题又获解决，大陆商业银行申办新台币兑换业务的积极性必将大大提高，大陆的新台币兑换点将会快速扩展、遍地开花！**

2013年3月，国家外汇局出台规定，大陆商业银行可按照经营需要，自行决定办理新台币兑换业务。

反观台湾，兑换人民币的热情十分高涨，不仅银行、邮局抢着开办兑换点，连各地农渔会的信用部也抢开兑换点，生怕错失了人民币商机。台媒评论称，台湾银行业开办人民币业务是“划时代的大事”。

猜想二：人民币纳入台湾外汇储备体系

截至2013年底，台湾外汇储备共4168亿美元，排全球第四，仅次于中国大陆、日本、俄罗斯，储备资产包括黄金和外币，其中外币约半数为美元，其余为欧元、日元、英镑、瑞士法郎等。

早在 2009 年 8 月，时任台湾“行政院长”的刘兆玄就表示，“台湾可以考虑将人民币纳入外汇储备体系”。台湾大学经济系教授林建甫解读，刘兆玄表态在全球金融危机的背景之下，全球金融危机从 2008 年爆发以来，许多国家和地区都面临美元流动性萎缩与美元外汇缩水的风险，对各地货币安全构成了威胁，所以要想办法规避太过依赖美元的风险。

当时刘兆玄的设想只能是设想，无法排出时间表，台湾要把人民币纳入外储，必须等到两岸建立货币清算机制之后，因为有清算才有计价标准，人民币与新台币才有可比价，才能互相买卖，不必通过第三方货币。

台湾淡江大学财务金融系教授聂建中称，**根据美国外债和政府赤字不断攀高的现实，美元走弱是长期趋势，而人民币比较有将来，把人民币作为台湾的外储货币，是台当局投资理财的理性选择。**

林建甫认为，从投资角度看，将人民币纳入台湾的外汇储备体系，是非常好的想法。一方面人民币有较大升值空间，获利性强，台湾当局和民众持有人民币的意愿高；另一方面外汇储备是民众血汗钱，应尽可能在国际金融危机中有效避险，外汇储备不能放在一个篮子里，增加持有人民币货币，可以分摊风险。

林建甫主张，**基于金融安全保障的考量，在人民币纳入台外汇储备体系之前，两岸可以先建立起货币互换机制，象征两岸在金融领域的安全结盟，能降低“国际骇客”和全球金融危机冲击的风险。**货币互换指两个经济体的货币按约定汇率进行交换，到期彼此再换回本金并支付利息。货币互换因为按双方约定的固定汇率计价，所以没有汇率风险，只有信用风险。

在 2008 年全球金融危机发生以来，美元贬值引发不少国家的美元流动性及外汇储备风险，一些国家便开始尝试货币互换，用对方货币买对方的商品，借以规避美元交换及储备的“暗礁”。

从 2009 年 7 月人民币开始走向国际化以来，到 2013 年 6 月底，大陆已跟 19 家央行签订货币互换协议，互换金额 2 万亿元人民币，相当于这些央行已把人民币纳入外汇储备货币，另有 30 多家未与中国大陆签货币互换协议的央行，也把人民币作为外汇储备货币。据 IMF（国际货币基金组织）2013 年上半年一项调查，受访的 30% 央行有意愿把人民币作为外储货币。

然而，人民币要想真正成为国际性储备货币，必须在国际货币市场上具备“可交易性”，增强流动性。至 2013 年底，人民币在海外地区，主要在香港有人民币资金池六七千亿元，台湾有 1800 多亿元，在国际市场上人民币不可自由兑换，使其他经济体大量持有人民币存在难度。

聂建中指出，**人民币国际化程度远远不够，绝大多数国家和地区没有普遍使用人民币，今后人民币要更多参与国际间交易，才能成为区域性乃至全球性的外汇储备货币。**

台湾政治大学教授康荣宝表示，台湾短期内实施人民币外储的可能性近乎为零，因为其前提是人民币必须更加国际化、自由化，这种功能实现的时间难以预料，十年、二十年都很难说。

猜想三：台湾成为下一个人民币离岸市场

其实，对于人民币国际化，台湾各界最在乎的不是人民币能否成为其外储货币，而是台湾能否成为继香港之后的人民币离岸市场。林建甫说，全球的人民币需求大幅成长，需要更多的人民币境外市场，仅有香港将不敷需求，而两岸贸易金额庞大，台湾有机会成为人民币离岸中心。

2011 年 8 月，台湾“央行”发布《台湾办理人民币业务的说明》文稿，首度表达“发展人民币境外中心，可列为努力目标”。就影响力和受欢迎程度而言，人民币与美元、新台币成为岛内“三大货币”。

2012 年 12 月 21 日，传说中的“世界末日”，台北却在举办一场关乎台金融业者新生的论坛——钱进人民币大商机论坛。时任台“金管会副主委”的李纪珠表示，发展具有两岸特色的金融业务及理财平台，是台湾“黄金 10 年”的金融主轴，人民币商机蓄势待发，将翻开台湾金融业崭新一页。

台湾金融市场太小，业者太多，业者一直以来将眼光盯住广阔大陆，可惜受制于台当局的长期自缚手脚，他们没跟上台商脚步一同来到大陆，错失了与其他外资金融业者同时开拓大陆的绝佳机会。现在人民币国际化衍生的庞大离岸业务，正是台金融业者从困境走向新生的最大希望。

据了解，台金融业占GDP比重，1999年达到最高，为8.6%，2012年降至6.5%，而2011年香港和新加坡的金融业占比分别为16.3%和12.4%。香港外汇市场的日成交量是台湾的10倍，只要台湾市场能成长至香港的一半，以换汇手续费0.135%计算，台湾金融业就能获得可观收益。

以香港为例，人民币存款约占总存款的10%，2012年底台湾的新台币存款约33万亿元，若未来将10%转为人民币存款，就有高达7000多亿元人民币，超过2012年香港6000亿人民币资金池的规模。

李纪珠认为，人民币国际化包括经贸结算、资产配置、国际储备三种角色，美元是世界贸易的结算货币和各地对外投资货币，也是各经济体的外汇储备货币。台湾由于货币国际化走得早，在人民币国际化的三种角色中，在前两种角色上可提供经验，台湾具备成为人民币离岸中心的优势。

台湾富邦金控总经理龚天行认为台湾具有两个重要条件：**一、近年台湾一年对大陆的贸易顺差高达七八百亿美元（2013年其顺差突破千亿美元），自然形成人民币外流台湾渠道；二、台企投资大陆的实际金额排在大陆外资第二位，自然形成了人民币回流大陆的渠道。台湾由此形成了巨大的人民币集散池，所以很可能成为下一个人民币离岸中心。**

然而，中国社会科学院台研所王建民研究员称，台湾劣势是金融市场对大陆开放程度低，两岸金融政策很不对等，台当局需要积极的政策规划，否则处处限制与管制，很难成为人民币离岸中心。

台湾欲成为人民币离岸中心，还面临伦敦、新加坡、东京、悉尼等地的竞争。台湾的国际金融经验不及伦敦与新加坡，应当利用紧密的两岸贸易关系，量身打造具有两岸特色的金融业务，发挥竞争优势。

第二十章
两岸股市直通车大陆鸣笛起步

提起股市直通车，多数人会立马想到港股直通车，在两岸金流“化曲为直”的新形势下，相对于台湾民众的陆股直通车，相对于大陆民众的台股直通车，都将从梦想走入现实。

2013年4月1日，厦门银行台商业务部总经理吴至祥来到东莞证券厦门营业部，开立了A股账户，他接下来准备小笔资金入场。

他说，要先做足功课，搜集相关个股资讯，一旦选准个股，就打算长期持有。他很看好内需概念股，特别是网购类的，表示如果什么时候淘宝网在A股挂牌了，他一定会在最短时间内去购买。

吴至祥是首批在大陆搭上A股直通车的港澳台居民之一。从2013年4月1日起，大陆境内的港澳台居民凭身份证、来往大陆通行证、大陆临时住宿登记证明，即可在A股开立账户，完全与大陆民众一样，用人民币购买A股股票了。

这是一个起点，两岸三地股市直通车自此起步，它给两岸三地普通民众更多的投资选择，也给两岸三地股票市场更广的共荣空间。

如今，A股对来到大陆境内的港澳台居民敞开了大门，尚未向大陆境外的港澳台居民开放。境外的港澳台居民还只能以外币投资大陆的B股，或者投资在台港上市的大陆概念股票；另一方面，大陆民众至今无法投资港股、台股。所以，两岸三地股市直通车仍然属于单向、部分通车，离三方全线通车还有很长距离。

不过，并不能就此否定此次通车的历史意义，在两岸三地“通股”进程中，这次新政是继两岸签署金融监管合作备忘录、两岸机构投资对方股市之后，又跨出的一大步。

A股直通车的投资机会来临

自从2013年4月1日新规推出以来一段时间，在厦门枋湖东路的东莞证券厦门营业部，首席投资顾问杨博光就异常忙碌，每日向他咨询的台商电话响个没停。杨博光在2011年初来到大陆证券机构上班，苦练功夫两年有余，终于迎来了他大显身手的时候。

杨博光说，以前他在台湾证券机构干过十几年，很看好大陆丰富的上市资源和股市上涨空间，毅然来到大陆从零开始。特别是两岸股市直通车在大陆上路之后，他熟悉两岸股市的优势会凸显出来：台湾股民信任他，会找他咨询如何投资大陆股票；将来直通车在台湾上路之后，大陆民众也会向他咨询如何投资台股。他来大陆发展，可谓取势占先机，谋势必有成。

对于先坐上直通车的港澳台股民，杨博光授以一套“主辅市场投资法”。举例说，台湾股市以电子股为主，这是台湾股民的主要市场，投资A股这一辅助市场时，应该多购买大陆的内需股、大型国企股、矿业能源股等，这几类是台股所欠缺的、却是A股所称雄的。另外，大陆“十二五”重点扶持的几大类战略新兴产业，也是杨博光的重点跟踪对象。

厦门证券研究所副所长王永进介绍，他认识的很多台湾朋友都看好A股前景。之前他们在香港买大陆概念股，现在A股跌落多年，许多大盘股扣除汇率因素后，股价比起香港的H股或红筹股更低，A股已成“投资洼地”，A股直通车开通后，不少台商将会从港股转战 A 股。王永进称，**A 股相比台股，市值规模更大，产业更广泛；相比港股，A 股内需股票前景广阔，很适合长期持有。**

不过，已开立 A 股账户的吴至祥对新机会很谨慎。他分析，近几年 A 股一直在弱市盘整，不清楚什么时候会从谷底翻扬；另外，自己刚刚接触 A 股，对个股资讯很陌生，现阶段他仍然把理财重点放在台湾股市和大陆银行的高利率理财产品上。

杨博光以为，很多台湾股民不敢贸然入场 A 股，一个重要原因是他们觉得 A 股难以捉摸，没什么规律性，常常随政策起舞，需要有内线消息。对此，杨博光认为，**随着港澳台居民 A 股直通车上路，今后 QFII（境外投资机构）、QFII2（境外投资个人）入场资金不断增多，外来投资者理性分析、长期投资的观念，会逐渐改变 A 股的短线投机氛围。**

杨博光还强调，**大陆政策正在变得越来越透明，并且在中美两大经济体博弈当中，美国对中国的经贸政策在持续发挥着影响，这将使大陆股市“政策市”色彩逐渐淡化，A 股长期形成的“内线消息、庄家拉抬”操作思路会逐渐改变，境外资金专业投资的时机正在来临。**

台湾群益金鼎证券首席代表刁维仁也认为，在全球范围来看，A 股估值处于较低水平，未来 A 股估值提升是大概率事件，随着大陆经济增长品质不断提高，股市估值水准不断提升是大势所趋。

大陆民众投资台股何时成行？

相比部分港澳台居民坐上 A 股直通车，大陆居民依然无缘港股和台股。前些年就放出风声的所谓港股直通车，至今大陆除了天津开展试点之外，其余地方仍然只闻雷声响，不见雨点来。另外，台股直通车何时成行？也是不少股民关心的话题。

2013 年 3 月底，时任台“金管会主委”的陈裕璋透露，“金管会”正与台湾“央行”“陆委会”研议，拟开放大陆自然人进场买股票，即开放大陆 QDII2（境内投资个人），大陆自然人投资额度是否要与专业机构 QDII 的 10 亿美元额度区隔开来，还有待研商。

台湾的电子、科技股，都是颇有竞争力的，特别是台股以小市值股票为主，对大陆许多散户更加富有吸引力。台湾大学财金系教授沈中华表示，**台湾上市公司的任何信息都要公开，必须拿到证交所网站向股民充分披露，如果有所隐瞒，一旦被证交所查获便会被揪出“示众”，让股民“唾弃”你。因此，台湾上市公司信息披露程度比大陆要高得多，很适合无从了解内幕消息的小散户。**

沈中华说，从长期看，台股也有很好的投资价值。两岸关系走好是大势所趋，台湾作为大陆与海外连接的跳板角色会得到凸显，受益于大陆的强大辐射力，台湾在全球经济分工中必将扮演更重要角色。

不过也有一些观点认为，台湾经济外贸依存度高，体量小且呈浅碟形，容易受外部环境影响而大幅波动，作为经济“晴雨表”的台湾股市，经常呈现出大起大落走势。厦门证券王永进表示，两岸股市的交易规则（台湾 T+0，大陆 T+1）不同，并且受制于两岸资金无法自由流动，股民无法在两岸间自由套利买卖，因而在较长时间内，台股比较适合大陆 QFII 投资，个人投资则困难重重，需十分警惕。

据悉，2013 年 1 月两岸首次召开的证券期货监理平台会议，便达成共识将开放两岸自然人投资双方股市，也就是俗称的股市直通车。目前，台当局开放了大陆居民在台金融机构的 OBU（海外金融业务分行）开户投资台股，但不能用现金，必须转账，并且限外币投资，至 2013 年上半年尚无大陆居民在台金融机构 OBU 开立台股账户。透过台金融机构 OBU 投资台股，因为这些 OBU 设在海外，OBU 与其总行的会计账户是独立的，以境外客户为往来对象，与台湾金融体系相分离，相当于大陆人要到海外开立台股账户，实际上也是间接炒股，对大陆股民诱因不大。

东莞证券杨博光介绍，当前两岸券商只在对岸设立了办事机构，没有设立经营机构，即使大陆股民哪一天可以直接投资台股了，也要通过大陆券商下单，再由大陆券商复委托台湾券商下单。将来大陆券商在台设有经营机构时，大陆股民就可直接通过大陆券商下单，无需复委托。

T 股能否点燃台湾股民激情？

两岸三地股市直通车全线通车，只是时间问题，随着两岸货币清算机制上路，两岸资金流更加顺畅，必将加快直通车前行速度。然而，**大陆至今实行外汇管制，**

对资金入出境进行严格管控，所以境外的港澳台居民要想自由买卖A股，境内的大陆居民要想自由买卖台股、港股，目前看来不太乐观。直通车将沿着建成一段、通行一段的分步骤方式前进，不可能一下全线贯通。

在分步通行的过程当中，两岸多数居民虽然无法直接到对方那儿炒股，但是可以在自家门口炒对方企业的股票，因为对方企业可以上门来挂牌，送到家门口让你来炒。香港的红筹股、H股实际都是陆资企业，这些企业就是上门给香港股民炒的。

为了吸引大陆资金赴台，并受到香港股市的启发，台湾萌发了T股的创意。2012年底，时任台"行政院长"的陈冲抛出T股议题，提出台湾可比照H股，打造T股市场，T股指大陆注册的企业到台湾发行股票，包括在大陆注册的台商企业，让台湾民众购买他们的股票，以此共享大陆经济成长果实。

当前，台当局规定大陆注册企业不能到台上市，在海外注册的陆资企业可在台第二上市（企业已在海外上市，又到台湾上市的），这些具有红筹股色彩的公司只能发行TDR（台湾存托凭证）。台湾证券交易所表示，在香港上市的大陆红筹股，包括很多天然资源股，如中国海洋石油、中国(香港)石油等，台湾股市缺乏这些产业，引进红筹股在台发行TDR，可让台湾股票市场产业链和市场板块更完整。

2010年9月，江苏扬子江船业开创陆企赴台挂牌先河，以TDR方式募资37亿新台币。紧随其后的，有中国泰山、神州数码、杜康控股等陆企赴台第二上市，截至2012年底，已有近10家陆企在台第二上市。

台商返台上市方面，台当局于2008年7月开放台商以海外控股公司名义，返台第一、第二上市（陆资参股30%以上台企视为陆企，不能第一上市）。2009年4月，旺旺控股首先返台，紧接着巨腾、康师傅、85度C等跟随返台上市，截至2012年底，台商返台第一上市企业共26家、第一上柜（类似于大陆的创业板）19家，其中多数是大陆台商。

厦门大学台湾研究院经济所唐永红所长称，目前台湾仅限陆企赴台第二上市，主要是为了保证上市质量，将来台"金管会"如果能更便捷、全面获悉大陆企业资讯，就能开放陆企赴台第一上市，从而做大T股市场。据透露，台"金管会"可能先松绑陆资持股逾30%的台企回台第一上市，审查方式由"项目核准"改为"全面开放"，此举既为陆企赴台上市暖身，也为建置T股铺路。

台湾安侯建业会计师蔡松棋对台媒称，**台湾若想成为亚太筹资中心，开放T**

股是最快途径，尤其在台股渴望国际化的情形下，T 股潜力无穷。

当然，大陆股民也能在家门口购买台湾企业股票，至 2012 年底有二三十家台企在大陆 A、B 股上市，其中 21 家在 A 股上市。唐永红介绍，比起台湾、香港，大陆上市的资金门槛和上市费用最高，手续最繁琐，许多台企望而生畏，愿意到香港和台湾上市，影响了在大陆上市的进度。

台股可望成为华人的纳斯达克

两岸股市直通车起步，也让两岸三地股市如何共筑大中华股市圈成为话题，三地股市只有发挥各自特色，优势互补，才能使大中华股市圈雄视全球。

股市依托经济面，经济面呈现何种特色，股市呈现相应特色。**大陆股市的优势是资源和市场，上市公司资源异常丰富，市场非常广阔，内需型和大型国企股票受追捧；台股的优势是产品种类丰富，股票换手率高，以电子业为代表的高科技股票受追捧；港股的优势则是国际化程度高、透明度高，资金出入自由，金融、地产业股票受追捧。**

未来两岸三地股市分工，台湾可主攻高科技板块，打造成华人圈的纳斯达克；大陆可重点发展成大型企业、消费企业的融资平台；香港则继续把金融、地产板块做大做强。如此，大中华股市圈便有望打造成一条可媲美纽约华尔街的东方“华尔街”，台股是东方“华尔街”上的“纳斯达克”。

纳斯达克交易所是全球最著名的高成长性高科技企业的融资平台。台湾高科技产业在全球扮演了重要角色，尤以电子代工业为主，是全球最著名的电子代工基地，拥有上、中、下游完整的产业链，是台湾经济增长的主要拉动力。

台湾的资讯（大陆称“信息”）、通讯、光电等高科技产业聚落完整，科技类股票权重最大，具备科技股的群聚效应；同时，台湾对科技业有着深入的理解，容易给优质科技业较高评价，科技业在台融资成功的几率较高。这两大因素将有力吸引大中华科技产业前往台股。台湾应当利用在全球高科技产业链上的突出地位，打造成为华人高科技企业最重要的融资平台，成为华人圈的“纳斯达克”。

两岸三地股市合作包括三组“两两合作”，即大陆和香港的合作、台湾和香港的合作、大陆和台湾的合作，在这三组合作中，大陆和台湾的合作受到政治、法律、制度的阻碍，成为三地股市资源整合的“软肋”，也是大中华股市圈成功的关键所在。

□新闻背景

从间接炒 A 股到直接“登陆”

两岸证券业的实质合作，发轫于 2009 年 11 月两岸签署金融监管合作备忘录，两个月后备忘录生效，翻开了两岸投资对方股市的崭新页面。2010 年，台湾股市向大陆 QDII（境内投资机构）开闸，单一 QDII 汇台限额 8000 万美元，大陆 QDII 汇台总限额 5 亿美元，这些资金可以投资台湾资本市场的基金、股票、债券等所有商品。同年，大陆股市向台湾 QFII 开闸，每家 QFII 投资大陆额度，台当局规定每家基金不能超过其净资产的三成，但具体 QFII 额度需经大陆主管方核准。两岸机构投资对方股市就此展开，截至 2012 年底，17 家台湾金融机构获得 QFII 资格。

2013 年初，大陆 QDII 汇台总限额增加到 10 亿美元，约合新台币 300 亿元。以 2012 年台股封关日的总市值 21 万亿元新台币来看，假使大陆 QDII 的 10 亿美元全部购买台股，约占台股总市值的 1/700。外资约占台股的三成，大陆 QDII 资金如果全买了台股，约占台股外资额的 3/700。实际上，到 2013 年第一季度末，共 16 家大陆 QDII 入台，总投资额仅 2 亿美元出头。这意味着，台股仅对大陆资金开了一条窄窄的门缝，象征意义远大于实质意义。

此前，台湾资金投资大陆股市，走过了一条绕经香港的“曲线投资”之路。2010 年 3 月，台当局允许台湾民众在岛内下单，通过台湾券商在香港的分支机构，购买香港上市的红筹股（境外注册的陆资企业到香港发行的股票），并允许他们在香港购买追踪红筹股、H 股（大陆注册的企业到香港发行的股票）以及大陆 A 股行情的指数型基金（ETF）。

2010 年 12 月，与大陆股市联动的“标智上证 50 指数 ETF”在台湾股市挂牌，该基金是上海股市产业龙头企业的集合，包含 50 档规模大、流动性好的股票，涉及金融、能源、交通等领域。台湾股民只要拥有台股账户，在家门口用新台币就能投资反映大陆A股表现的产品了，相比之前通过香港投资大陆概念的产品，更加直接便利。

然而，这些只能算曲线、间接炒A股，因为港澳台居民不能直接炒A股，他们只能在港台股市购买与大陆企业相关联的红筹股、H股（其中台湾居民暂不能买H股），或者购买与A股相联动的指数型基金。当然，也有些港澳台居民借用大陆亲友的人头账户买A股，游走于没有安全保障的灰色地带中。

2013年4月1日之后，曲线得以拉直，间接转为直接，港澳台居民可以来大陆以自己名义直接炒A股了，股市直通车由此鸣笛上路。接下来，直通车还将搭载所有港澳台居民来炒A股，并搭载大陆居民去炒台股、港股。届时，两岸民众将在通邮、通航、通商、通汇之后，再度迎来“通股”。

第二十一章
台湾“财政破落户”如何形成？

台湾当局的日子真是越来越难过了，旧债不断堆高，收入逐年萎缩，这是经济发展周期使然，还是民主进程必然要付出的代价？

2013年元月，美国总统奥巴马走马上任第二任，面临的头号挑战就是“财政悬崖”——美国一系列减税政策的到期，以及削减财政开支的实施，增税与减支将使美国经济丧失6000多亿美元的刺激动能，从而拖累经济复苏进程。

老美形象地把这比喻为“财政悬崖”，因为财政困窘，只能增税和减支；又因经济成长乏力，需要减税和增支。何去何从，一不小心，财政便会把经济拖入悬崖深沟。为了给巨额债务减负，美国自2013年1月开始启动自动减赤机制，未来10年计划减少1.2万亿美元负债。

自从2008年以来，金融风暴、主权债务危机、财政悬崖相继成为全球经济的

热词。希腊、西班牙、葡萄牙、意大利、日本、美国……这些国家有的在悬崖边上，有的则早已掉下了悬崖，只能等待别人的抢救。台湾的财政状况如何？台湾离悬崖还有多远？

悬崖就在边上，步步惊心

红遍两岸的电视剧《甄嬛传》中，险恶的后宫争斗使观众们看得“步步惊心”；台湾的财政欠债，也把当政者搞得“步步惊心”。

台湾账面上的财政欠债包括“中央政府”和县市政府的债务。先看“中央政府”账面债务，据台湾“财政部”统计，截至2012年底，1年以上债务为49495亿元（新台币，下同），一年内短期债务2750亿元，总计52245亿元，平均每个台湾人为此负债22.4万元。

再看县市政府债务，截至2012年底，高雄市负债2241亿元，人均负债8.07万元。若以人均负债排名，5个“直辖市”依次为：高雄市8.07万元，台北市6.1万元，台南市3.7万元，台中市2万元，新北市1.9万元。若以全台22个县市人均负债排名，前五名依次为高雄市、苗栗县、台北市、宜兰县、花莲县。

不过，账面债务下面有更加巨大的隐性债务，这主要指各种社保基金，例如劳工保险、健康保险、退休金等累积欠款。这个缺口有多大？岛内流传多种版本，有的说几万亿，有的说十几万亿，有的认为是二十几万亿。

2012年8月，台“立委”曾巨威公开资料称，2011年台湾当局总负债（指“中央政府”账面债务加隐性债务）高达23万亿元，占GNP（民众生产总值）的166%，负债比重比起希腊还高。

以年度总预算而论，台湾“中央政府”自2009年起每年入不敷出；如果加计财政特别预算，则从1999年起便入不敷出。台当局财政步入到以债养债、债留子孙的循环中。2012年起，台湾“中央政府”每年新增债务两三千亿元。

在2014年台当局总预算中，年度开支19407亿元，而年度预算收入仅17308亿元，缺口2099亿元，加上该年度支付以前债务的还本带息，收支缺口更是达到2739亿元。以如此欠债进度，台湾财政悬崖已近在咫尺，稍不留神便会坠落悬崖！

财政钱袋子越来越扁

台湾庞大公债是如何形成的？原因无非是财政收支失衡，收的变少，支的变多。“收”主要源自税收，而税收源自经济增长，经济涨势好，大家赚钱多了，财政课的税就多。

上世纪蒋经国主政台湾时期，经济飞速发展，年均增速超过 8%，稳居亚洲四小龙之首；李登辉主政时期，经济年增速 6% 左右。因为经济走势好，税收状况不错，反映在债务上，从 1949 年到 1999 年，国民党执政台湾 50 年，账面债务余额仅 1.3 万亿元，加上隐性债务合计 2 万多亿元。

2000—2008 年陈水扁主政，台湾经济年均增速约 4%（统计 2000—2007 年数据）。经济增长减速，税收增长放缓，反映在债务上，台湾当局账面债务从 1999 年的 1.3 万亿增加到 2007 年的 3.7 万亿。就是说，扁执政八年，账面债务增加了 2.4 万亿。

2008—2012 年马英九首任四年，台经济年均增速降到不足 3%（统计 2008—2011 年数据），2012 年、2013 年增速更是下降到 2% 左右。这期间，台湾内部遇上 “八八水灾”，外部遇上金融风暴和欧债危机，为了灾后治理和提振经济，更加大量举债。“中央政府”负债从 3.7 万亿增长到了 2012 年的 5.2 万亿。马英九执政五年，当局账面债务增加了 1.5 万亿，年均增长 3000 亿。

中国社科院台湾研究所王建民研究员认为，**台湾债务严重，首要因素是经济增速大幅放缓，财税收入难以增加；其次在台湾选举文化环境下，政治人物为了拉选票，不愿背上加税“恶名”，而是不断地推出减税举措。**

马英九任内，把遗产赠与税从最高 50% 的多级税率调降到统一税率 10%，把营利事业所得税（相当于大陆的企业所得税）从 25% 调降至 17%，并降低了个人所得税（台湾叫综合所得税）负担。如今台湾民众年收入在 50 万元以内的，免交个人所得税，近四成民众免交个税，约四成台湾人只交 5% 的个人所得税。

20 世纪末，台湾租税负担（税收占 GDP 比重）还有 20% 以上，而到了 2009 年，租税负担降到 12.2%，2010 年 11.9%，2011 年为 12.4%，已经低于租税天堂香港（2011 年为 13%）、新加坡（2011 年为 14.2%），更是远低于大陆（2012 年大陆税收超过 10 万亿人民币，占 GDP 比重超过 20%，这还不包括名目繁多的政府收费，以及庞大的卖地收入）。

福利不设“排富条款”

税收易减难增，福利津贴却易增难减。2011 年台湾社会福利占当局年度总预算的 21%，成为台湾当局所有支出项目的最大项，如果加上军公教退休金，两项共支出 5037 亿元，占了总预算的 28%。

据台湾“中央政府”总预算书资料，从 1982 年到 2011 年的 30 年间，台湾社会福利和军公教退休金占财政总支出比例整整翻了一倍，显示台湾正向高福利社会大步迈进。

先以老农津贴为例，1995 年台湾开始发放每月 3000 元老农津贴，后来被两大政党在每次选举时轮番加码，先后调涨四次，每次均以千元为单位，2012 年加码到 7000 元。当年全台共有 146 万人加入农民保险，他们每个月只需交 78 元，便能享有多项保险、补贴，并在 65 岁以后每月可领 7000 元老农津贴。截至 2011 年底台湾农保累计账面亏损 1368 亿，另有隐性负债约 1500 亿。

台湾近千万人加入劳工保险，他们每月按工资收入的 8.5% 缴纳保费，费率过低，支付过高，根据“劳委会”出炉的精算报告，劳保基金将在 2027 年破产，造成 2012 年底劳保保费大挤兑。

岛内军公教退休人员有 44 万多人，平均每人每年可领取 30 多万元退休金，由于制度设计失误，一些人退休后领到的钱比上班时还多。据台湾退抚基金的精算报告，岛内公务员退休金替代率（退休金与在职薪资的比重）居全球之冠，目前先进国家这一替代率通常在 50%—70% 之间，而台湾在 2011 年还有 90%，太高的公职人员退休金，造成沉重的财政负担。

再以健保费为例，台湾在 1995 年实行全民健保（相当于大陆的医保）制度，2012 年健保支出共计 5300 亿元，而当年台湾税收只有 1.7 万亿元。台湾洗肾闻名全球，2009 年洗肾人口有 6.5 万人，支出健保费 335 亿元，人均开销 50 多万元。之所以这么多人热衷洗肾，很重要的原因是洗肾费用全民买单。

在选举文化环境中，政党要加码福利来讨好选民，地方县市长同样要讨好选民。

一位县长说："我不做会被县民骂，为何隔壁县有，我们没有，难道我们是二等公民吗？"岛内各县市在重阳节一律给老人发放1000元敬老津贴，一个台北市民觉得自己没有需要，每年把1000元退给市政府，但是市政府还是每年发钱给他。

台湾许多福利的发放，不设"排富条款"，反正用的是公家的钱，人人有份，就像许多县市学生的营养午餐全部免费。问题是，这些庞大的福利支出，台湾能承受得起吗？又能承受多久？

经济建设"捉襟见肘"

与福利之慷慨形成鲜明对照的是，台湾经济建设投入"捉襟见肘"，十分寒酸。2012年，台湾当局年度预算花在经济建设上的费用仅2000多亿元，不到社会福利及军公教退休金的一半，也不到健保支出的一半。**从1982年到2012年30年间，台湾经济建设支出占财政总支出比重，从25%滑落到14%。经济建设与社会福利的"此消彼长"，充分说明了台湾社会重心从创造财富过渡到分配财富。**

日益缩小的蛋糕，应付必要的经济建设已经艰难，加上"为选举买票"的诸多政策，使得财政更加窘困。陈水扁执政8年，为了兑现竞选承诺，建了不少"蚊子馆"——项目建成后发现没啥用处，变成了关蚊子的地方。当时小小的一个屏东县却搞了两个机场，使用率太低，都成了"蚊子机场"。

2011年10月下旬，彰化县西南边陲的大城乡，万人空巷迎接马英九带去的一张百亿大支票。这是台湾破天荒由"总统"直接授意、"中央"主导、"行政院"七大"部会"合力为一个小乡端出的建设案。大城乡实际常住人口12000人，而这宗建设大案规划在5年内，由台当局投资40亿元，吸引民间投资60亿元，相当于5年内要投资该乡过去50年的预算支出。乡民怕马英九在2012年"大选"后食言，硬是要求把马英九报告用的模型留下来作证，摆在乡公所一楼正中央。这个百亿元大礼物，现在看来，极可能又是画给乡民的一张"大饼"。

岛内政治人物开出了太多空头支票！马英九首任之初提出"爱台12建设"，规划分8年总共投资3.99万亿元，其中当局投资2.79万亿元，民间投资1.2万亿元。可是时间已过半，这些建设项目却进展缓慢，最大制约因素就是没有钱。搞大型公共建设，财政不投钱，民间资本难有信心。

或步希腊后尘酿危机

岛内不少学者指出，**台湾财政收入是右派，税收越少越好；但财政支出是左派，福利越多越好。2011 年，台当局税收占 GDP 比重为 12.4%，支出却占 GDP 的 18.5%，而北欧高福利国家税收占比往往在 40% 以上，台湾福利却老向北欧看齐，这可能吗？**台湾大学社会工作系教授古允文称，台湾社会福利要“拥有北欧的梦想”，至少得加税两倍半到三倍。

在经济衰退、债务高企之际，如何走出负债困境，是难度极高的学问。近年希腊、西班牙、葡萄牙、意大利等一批欧盟国家，在这困境中越陷越深，无力自拔，酿成了持续发酵的欧盟主权债务危机。美国、日本等大型经济体的财政负债也高达十多万亿美元，公债警钟日夜长鸣！

台湾公债如果包含隐性债务，也早超过经济总量，不过台湾公债性质与欧盟主权债务危机不同，欧债危机主要指拖欠外债，而台湾公债全部为对内负债。2011 年 9 月，台当局还清了最后一笔向沙特阿拉伯借的 23 万多美元外债，正式迈入“零外债”时代，现有债务均为内债。

如今台湾告别了上世纪的高速增长期，“政府”赚钱能力削弱，花钱速度却在加速，于是债务越堆越高。王建民研究员指出，债务成了台湾的长期性问题，以债养债、债留子孙问题突出，反过来制约了经济发展，经济减速又使得债务严重。

据台湾“主计总处”报告，2012 年至 2021 年台湾当局到期债务共 3.3 万亿，其中 2012 年至 2016 年应偿付到期债务 2.2 万亿，2016 年是还债高峰期。以当前台当局每年新增债务两三千亿的趋势下去，2016 年之前却要还旧债 2 万多亿，谈何容易！届时别说还清旧债，新增债务极可能使账面总负债突破 40% 红线，“悬崖”已在眼前。

台湾著名时事评论员邱毅指出，台湾欲解决“财政破落户”现象，不外乎两条途径：一是大量开放陆资，弥补台湾财源不足；二是大幅删减“国防”“外交”预算，费用转移到社会福利、公共建设上。

对于未来，王建民非常担心两点：**一是台湾发生重大自然灾害，短期内使债务暴增；二是世界主要评级机构下调台湾“政府”信用评级，造成资金迅速外逃，使台湾借债愈加困难，以至于步希腊等国的后尘，酿成债务危机。**

第二十二章
台湾地方财政“造血”功能萎缩

台湾除了6个“直辖市”之外，其他县市财政“造血”功能疲弱，其中最穷的台东县，一年税收只有1亿多元人民币。曾经“钱淹脚目”的台湾，为何走到今天如此困窘之局面？

2013年7月，美国“汽车之城”底特律申请破产保护，这个曾经风光无限的“汽车城”，谁也没想到会有破产的一天。大陆虽然没有城市破产一说，但地方政府债务屡屡成为人们关注的焦点，2013年下半年开始大规模清查地方债务。

台湾的地方政府债务也是愈演愈烈，负债绝对数高雄稳居第一，负债比（一年以上债务占当地年度财政支出的比例）的排名，宜兰、苗栗、新竹县则排在前三。令人忧心的是，这个问题至今依然无解，并且越发严重。

快速流失的税基

在台湾《新新闻》与台湾指标民调公司联合推出的2013年全台最有价值县市调查中，苗栗县夺下第四名，县长刘政鸿2012年与桃园县长吴志扬一同获得台当局颁发的“招商王”荣誉，苗栗招商成绩亮眼，一批园区相继签约开工。然而，苗栗财政并没因此好转，而是欠下一屁股债。

截至 2013 年 4 月，苗栗县一年以上债务达到 235 亿元（新台币，下同），占财政年度支出比率超过了 64%，负债比在岛内仅次于宜兰县的 68%，远超出台当局规定的 45% 上限。每个县民为此背负 7 万多元债务。

为何招商喜人、债务忧人？这一方面是许多招商项目还在签约、开建当中，尚未进入收获期，招商环节也要砸钱搞宣传办活动；另一方面，像苗栗这种县市，税基正在快速流失之中。

台北大学教授郑又平称，台湾很多企业把工厂设在二线城市，而把公司总部设在台北等都会区，企业虽然赚到了钱，但是税交到了都会区，所以设厂所在县市承担了环保代价，却收不到税。

这些年，台湾经济低迷，税基随之收窄；同时，越来越多企业外移大陆及海外，造成产业空洞化，税基也由此向外流出。郑又平称，相当多台商在海外的维尔京群岛、开曼群岛等免税天堂设立控股公司，通过资金的全球调度，把岛内企业处理成不盈利，所以不必缴税；盈利部分在海外免税天堂，也不用缴税。

两岸目前没有签署租税合作协议，台当局无法互相查验大陆台商收入资料，台商在大陆即使赚了很多钱，由于台湾方面掌握不到资料，也课不到税。“地方政府债台高筑，很难归咎于地方招商不力。”郑又平强调。

公权力被利益团体绑架

郑又平悲观地认为，**在台湾选举政治生态中，政治人物离不开商业运作，政治献金要靠企业等利益团体捐输。作为回报，这些利益团体需要政治人物来捍卫他们的权益，于是权和钱水乳交融，产生了租税不公。**

这个问题在美国尤为严重，一位诺贝尔奖获得者著书《不公平的代价》，直指最有钱的一小撮人，只缴微不足道的税，令人十分无奈。台湾个税的七成来自工薪阶层，富豪们善于钻税收漏洞，不缴税或缴极少的税。

据台湾“经济部”资料，在台湾最有钱的前 40 名巨富中，有 8 人没交一毛钱的税，有 17 人平均只缴 1% 的税。演艺人员收入就很难被税务部门监管，主要还得靠他们主动申报，这就造成了靠工资的中低收入者老实交税，而不拿工资的富人交税甚少。

据 2009 年度台湾税务统计，台湾有 5700 户年收入超过千万元的家庭，其中 63% 的收入来自股票、房地产等资本性收益，薪资等劳动性收入仅占 23%。但在现行税制中，重视征收“劳动所得”、忽略征收 “资本利得”，股利、股票交易等收入被列为免税项目。

在当前台湾税源结构中，最大税种是个人所得税，第二是企业所得税，第三是营业税，个税是税收的最大贡献者。2010 年台湾个税总额 3046 亿元，占台湾当年税收总收入的 19.5%。

郑又平说，政治人物一心为了选举，不敢开罪利益团体，有钱人和有权人互相勾结，例如在修订“公债法”当中，有人提议增加海外赚钱部分也要在台湾课税的条款，却被利益团体挡了下来。再如，前几年两岸本来要签租税合作协议了，大陆方面已经准备好，可是台湾方面遭遇了台商强烈反对，一直拖延至今。

不公平税收，肥了商人，瘦了政府。郑又平忧心地说，特别是台湾的农业县市，最穷的台东县一年税收仅 5 亿多元（约合人民币 1 亿多元），这些县市人口外移、产业外移、人口老化严重，债务必将更加突出。

修“公债法”提高上限

眼见日益增大的债务压力，台“立法院”2013 年 6 月底三读通过了“公共债务法修正案”。修正后的“公债法”把各级政府总债务上限，由前 3 年度 GNP（民众生产总值）平均数的 48%，调整为前 3 年度 GDP（地区生产总值）平均数的 50%。

各级政府总债限分别为：“中央”40.6%，“直辖市”7.65%，其他县(市) 1.63%，乡(镇、市) 0.12%。通过这次修法，6 个“直辖市”举债空间增加 4275 亿元，举债上限为 9316 亿元，其他 16 个县市政府举债空间增加 476 亿元，举债上限为 2035 亿元。地方财政人均负债上限，“直辖市”58187 元，其他县市 27763 元。

与此同时，县市政府一年以上债务占年度财政支出的比例，由 45% 提升到 50%。依照新标准，宜兰、苗栗县远远超出了这个比例，新竹县在红线处徘徊。

郑又平表示，债务快到顶时，就修法调高上限，表面上解决了“踩红线”问题，实际上并没解决债务问题，只是人为的“技术操作”。

时任台“财政部长”的张盛和也坦承，修“公债法”主要为了配合“直辖市”升格改制，若以 GDP 年成长 3% 估算，短时间内“中央”及地方政府不会面临破产危机。问题是，台湾 GDP“保 3”谈何容易！修法此时，“中央”离举债上限不到 4000 亿元，两三年很可能就破顶。

第二十三章
历经波折，台湾证所税能走多远？

综观历史，台湾证券交易所得税是台湾股市中最具杀伤力的武器，它主要想要让股市大户“出点血”，结果每次“大出血”的是普通散户。台湾当局为何明知路难行，偏向难路行？

2013年1月1日起，台湾第5次开征证所税（证券交易所得税），正如时任台“财政部长”张盛和此前所言，“飞机已在跑道滑行，即将起飞”，经过了2012年将近一年的“滑行”，证所税终于在2013年第一天“起飞”了。

在台湾税收史上，证所税是非常特殊的税种，走走停停，反反复复，每次复出，总能把台湾股市搅得跌宕起伏，让股民惊魂不定。

证所税这次复出，是在马英九第二任“公平正义”大旗的背景下，马英九要拿这把证所税大刀，砍向股市的巨富们，迈向他的赋税公平之路。巨富们会甘心挨刀受砍吗？这次证所税能走多远？

两年内8500点是“天花板”？

2012年7月25日，台“立法院”三读通过证所税版本，根据该版本，2013、

2014 两年，证所税采取双轨制，个人股民可在“设算所得”与“核实课征”中择其一缴税。“核实课征”指的是卖股票净赚的钱乘以 15%，并入个人总收入计算，缴纳综合所得税（相当于大陆的个人所得税），税率从 5%~40%。

“设算所得”指的是台股指数在 8500 点以下时，交税为 0；8500 点到 9500 点之间，按股票卖出金额扣缴 0.2‰；9500 点到 10500 点之间，按股票卖出金额扣缴 0.4‰；指数在 10500 点以上，按股票卖出金额扣缴 0.6‰。

可以看出，“核实课征”扣税标的是股民赚的钱，“设算所得”扣税标的是股民交易的钱，而根据股民交易的钱来扣税，其实是证交税（证券交易税），所以岛内一些媒体称“设算所得”是“加值型证交税”，即在现有证交税（税率 3‰）基础上又增税 0.2‰ ~0.6‰。

假如某股民一年内卖了 2 亿元（新台币，下同）股票，扣除成本及费用后赚了 1000 万，采取“核实课征”交税，需课税费用为 1000×15%=150 万，税率为 5%~40%，相应需交税 7.5 万 ~60 万不等，加上 2 亿元的 3‰证交税即 60 万，共计 67.5 万 ~120 万元；而采取“设算所得”，即使指数在 8500 点以上，需课以 2 亿元的 0.2‰ ~0.6‰的证所税，相应要交税 4 万 ~12 万，加上 60 万证交税，合计 64 万 ~72 万。

两相比较，“设算所得”明显合算，况且选择 “设算所得”，指数在 8500 点以内，卖再多股票也无需交证所税。而台股两年内在 8500 点以内几率有多高？据台湾证交所统计，此前 10 年超过 8500 点的交易日，只占总交易日的 12%，所以未来两年免扣税的几率为 88%。

更何况，**在两年双轨制的缓冲期，“设算所得”定的底线为 8500 点，一旦指数上了 8000 点，接近征税底线时，大家就准备落跑了。因此，底线很大程度上变成了“天花板”，要冲上 8500 点的几率要远低于平时的 12%。因而许多人认为，“设算所得”形同对个人股民“缓征”证所税两年。**

证所税究竟动了谁的奶酪？

两年过渡期当中及以后，法人股民均要按“核实课征”标准，税率 12% ~ 15%，免税额 50 万元；如果持有三年，税率减半。

两年过渡期之后，即从2015年起，个人股民的双轨制也改为单轨制，全面“核实课征”，届时每年出售10亿元以上股票的大户，才需课税。张盛和称，据估算，每年出售10亿以上股票的股民有1万多人。

当前，台湾股市有900多万股民，而每年有交易的股民300多万个，照官方所称的两年后只有1万多股民受证所税影响，数量微乎其微，绝大多数民众不在课税之列，但是为何每次征收证所税，总会把股市搅得“鸡犬不宁”？

2012年3月28日，时任台“财政部长”刘忆如正式表态要复征证所税，5月28日她挂冠离去，整整两个月台股蒸发将近1000点。5月29日，闻听刘忆如请辞，台股上演庆祝行情，大涨了200多点。

刘忆如母亲、前“财政部长”郭婉容在二十几年前也因证所税而辞官。郭婉容因征收证所税而酿成1988年的“9·24风暴”，台股连续19天无量暴跌，最低的一天交易量只有3亿元，股票成了“不动产”，最后代价是郭婉容下台，证所税喊停二十几年。

证所税究竟动了谁的奶酪？台湾政治大学经济系特聘教授林祖嘉撰文称，**股市大户对于课征证所税不满，大量抛售股票，股价大跌之后，原本不受影响的散户反而遭受更大损失，这正是课征证所税的最大难题——散户永远被大户绑架着。**

就像树上有10只鸟，“证所税”枪声一响，除了一只中弹，其余的全飞了；或者根本没打中一只，也全飞了。2012年的春天，台湾油电价格双涨，物价快速上蹿，消费信心急挫，台股因证所税而大肆唱空，股民荷包失血，民众怨气膨胀，刘忆如就成了众矢之的。

因此形成了颇具讽刺意味的状况：打着“公平正义”大旗的证所税，却遭到了最需要公平正义的平民百姓强烈反弹！

台股将会迎来“黄土十年”？

证所税在商界更是“一石激起千层浪”！台湾工业总会理事长许胜雄批评，征证所税既扰民，又妨碍经济发展，不但让外资不愿来台挂牌，连台商都会跑去香港上市。台湾商业总会理事长张平沼指出，台湾经济出现警讯时首要稳定经济，就像一个人已生重病，不要急着开刀，证所税必须暂缓。

中国国民党荣誉主席连战之子连胜文也表示，证所税对资本市场将产生严重冲击，而资本市场是经济发展的“心脏”，若心脏出问题，怎么能期待未来经济发展稳健？台湾最大民企鸿海科技集团董事长郭台铭重炮指出，为了一年区区百亿元的证所税而劳师动众，完全得不偿失。寿险业者也发声，寿险资金是台股的一支重要力量，证所税造成寿险业经营成本上升，势必要提高保费，增加民众负担。

由于证所税带来的冲击，据台湾证交所统计，2012 年台股日均成交只有 832 亿元，而在 2008 年金融海啸期间，台股日均成交额也在千亿以上。以往证交税平均每年收入上千亿元，2012 年由于股票成交锐减，证交税仅收到 700 多亿，比预期值少收约 500 亿。2013 年前 8 月，台湾证交税仅收到 462 亿元，创 8 年来同期最低。对比今后证所税预估年收入百亿元，证交税损失显然大得多。

马英九为什么要“头戴钢盔”顶着强大民意压力，仍然“虽千万人吾往矣”？刘忆如说，2011 年郭台铭卖鸿海股票赚了 10 亿，却仅缴 300 多万元证交税，合理吗？林祖嘉表示，一般台湾人拿薪资，动辄被扣百分之二三十的税，为什么卖股票赚了钱就不必缴所得税呢？

一头是公平正义，一头是股市动能，假如股市因证所税而丧失动能，不仅使股市税收减少，更使股民荷包持续失血，到头来公平正义妨害了经济发展，这样的改革还能否算是成功？许胜雄直指，证所税已落入“公平正义”的陷阱。

更有股民担心，台股迎来的将不是“黄金十年”，而是“黄土十年”！岛内知名财经人士谢金河预测，在证所税冲击之下，股市成交量将萎缩，券商可能大幅裁员，1988 年很多券商营业员被迫去开出租车，这次情形恐怕会更惨！

第二十四章
“逗你玩”的台湾证所税

台湾证所税与台湾股民玩着一个长达半个多世纪的双人相声——股民问：“谁拿走了我的钱？”证所税说：“逗你玩呢。”股民说：“再不老实，我揍你！”证所税回答：“真的是逗你玩啊！”……

相声大师马三立有一段著名的《逗你玩》相声，宝宝问小偷叫啥名字，小偷回答说“我姓逗，叫逗你玩”。妈妈问宝宝，家中东西被谁偷了，宝宝说：“逗你玩呢！”妈妈急了！

台湾的证所税，全名是证券交易所得税，却老是和股民们开玩笑，跟相声中的“逗你玩”还真有点神似。

2013年6月25日，台湾“立法院”三读通过“财政部”提交的证所税修改版本，即日起证所税取消收盘指数8500点课征门槛，并对散户予以免征。

证所税指股民在买卖股票中获利部分需交的税，该税在台湾曾有四次征收历史，每次均迅速夭折，从2013年1月1日起第五次征收，没料到才过半年，又做修改。

股指逼近“天花板”，倒逼修法

按证所税修改前版本，2013、2014两年，是台湾证所税实施的过渡期，采取双轨制，散户可在“设算所得”与“核实课征”中择其一缴税。“核实课征”指卖股票净赚的钱乘以15%，并入个人总收入来缴交个人所得税；“设算所得”指台股指数在8500点以下时，交税为零；8500点以上时，按股票卖出金额扣缴0.2‰至0.6‰不等的税。

2015年后全面取消设算所得制，回归核实课征制，课征对象为全年出售证券金额超过10亿元以上的个人。法人部分采最低税负制，税率12%到15%，免税金额为50万元，长期持有3年以上享减半优惠税率。

据台证交所统计，2013年台湾九成以上股民选择了“设算所得”交税，其一是这种方法比“核实课征”交的税少，其二是以过去10年的经验，超过8500点的交易日只占总交易日的12%，意味着过渡期免扣税几率为88%。两年过渡期后，双轨改单轨，全部按“核实课征”收税。

哪料到，2013年台股很快冲破8000点，一步步向8500点“天花板”靠近。为了使台股不被8500点盖住而成为“大闷锅”，当年4月底开始岛内不少声音要求把“锅盖”掀掉。5月15日国民党“立法院党团”讨论修改版，马英九表示要“提前检讨”证所税，在一系列利好消息催化下，台股越发逼近“天花板”，大有随时冲破之势。

2013年4月24日台股冲破8000点，之后不是每天上升几十点，就是跌落几十点，5月24日收盘8209点，一个月中一直在8000点至8300多点之间徘徊。这种走势，一方面反映出股民对拿掉“天花板”的期待，一方面反映出“修法”前的步步惊心，生怕自己撞上了“天花板”。台媒一针见血指出：“一旦指数在8500点上下盘旋，台股必然像个大闷锅，怨气冲天，却无处发泄。”

《联合报》称8500点的设计，是个易滋错乱的制度，台股并非跨越8500点后就一路扶摇直上，而可能跌跌撞撞，今天升、明天跌。如此一来，就会形成今日课税、明日不课的不规则变动，徒增课征的困扰和争议，大量增加执行单位的工作负荷。

根据新版证所税，大户售出股票金额若超过 10 亿元（新台币，下同），将以设算所得为主、核实课征为辅。选设算所得为差额课税，超过 10 亿元部分，依千分之五计算，按照 20% 税率课征证所税；选核实课征可盈亏互抵，税率 15%。新税法拿掉了 8500 点“锅盖”，并对散户免征，实施时效回溯到 2013 年 1 月 1 日。

走走停停半世纪，路途艰难

用“命运多舛”来形容台湾证所税，绝不为过。该税 1955 年起首次征收，不到五年被废除；1962 年第二次征收，因法人用“人头户”避税问题而夭折；1973 年第三次征收，因全球第一次石油危机造成台股暴跌而停征；1988 年第四次征收，导致股票变成“不动产”，最低一天成交量仅 3 亿元，以时任“财政部长”郭婉容下台为代价，次年证所税再度停摆。

证所税与证交税不同，后者是交易额的课税，包括所有股民，前者是股市中赚钱部分的课税，而能在股市中赚钱的人，往往是大户与机构，所以历次证所税征收，都遭遇富人们最强烈的反弹。这些富人在股市中具有强大号召力，他们的入场或出仓，直接吸引来如蚂蚁雄兵的广大散户们跟风，所以散户也害怕富人因证所税而逃离股市，自己成了击鼓传花的最后接棒者。

2012 年在证所税修法过程中，台湾“财政部”一直强调在两年过渡期后，每年出售 10 亿元以上股票的大户才需课税，实际影响人群只有 1 万多户，占当前 900 多万户台湾股民的 1/900，根本是无伤大体。不过，按照“二八原则”或“一九原则”，“八”或者“九”的财富往往掌握在“二”或者“一”的人手里，股市财富、话语权同样遵循这个原则。

所以，表面看证所税只影响极少数人，可是这极少数人在股市中最具影响力、被绝大多数人唯马首是瞻，或许这正是台湾证所税风雨半世纪、路途多艰难的根本原因。

合并证所税证交税，累计课征

为何行路如此艰难，台当局却屡败屡战、决意要推行这项税收？问题应该出在“公平正义”思维模式上。执政者认为，如今年收入 50 万以上的上班族，就要交 5% 至 40% 的个人所得税，而一个赚了几千万几亿的富人，只需交低得多的仅 3‰ 的证交税，岂不是太不公平了！

在执政者的设计中，复征证所税另一功能是增加税收，预计每年可达 100 亿元左右。然而，2012 年台股因证所税风波，股市动能急剧萎缩，日成交量才 800 多亿，而在 2008 年、2009 年全球金融危机期间，日成交量仍有上千亿。因为成交萎缩，2012 年台湾证交税比往年少收了四五百亿元。2013 年，因为大多数股民按“设算所得”交证所税，所以证所税实施以来几乎没有课到税，而证交税却延续上年趋势大幅缩水，前 8 个月只收到 462 亿元。证所税增加财政收入的如意算盘很难拨响。

难道，搞得股市鸡犬不宁的证所税，纯粹就是为了满足执政者的“公平正义”臆想？每次耗费掉大量“立法”资源出炉的证所税修改版，都草草收场，岂不令人觉得法令如同儿戏？岂不令人觉得证所税上演了一出几十年不停修改剧本的闹剧吗？

既然实践已经证明，证所税在台湾实施的成本太大，收益太小，那么为何不让该税走入历史呢？而不是让闹剧一再重演。**为何不尝试证所税合并证交税，采取累进课征办法？累进课证可以参照个人所得税办法，实施分级多税率，这样既没有 8500 点“天花板”挡着，也没有专门找那最有钱的 1 万多人“开刀”之嫌疑，可有效疏导证所税反弹力道。况且，分级多税率的课税办法，也体现了“多得多课税”的公平正义税收精神。**

FOUR PART

第四部分

产业轮动

◎台服务业登陆，迎来“黄金十年”

◎中韩 FTA：台制造业的原子弹

◎台湾代工产业“美丽而哀愁”

◎三大“不友善”，台湾产业转型深陷泥淖

◎台湾文创产业“活化”之术

第二十五章
台服务业登陆，迎来“黄金十年”？

台湾如果一味以保守心态阻挠服贸协议实施，错过的是台湾服务业掘金大陆市场的最好机遇，台湾应该以积极心态拥抱大陆，以开放台湾服务市场为交换，牢牢抓住大陆服务业的“黄金十年”。

2013年已过，台“立法院”由于绿营阻挠，未能通过生效《两岸服务贸易协议》。就像3年前两岸签的经济合作框架协议（ECFA），2013年6月21日签订的服贸协议同样在岛内引起轩然大波。反对者说，到时候街头遍地“小黄”（台湾出租车）会变“小红”（大陆出租车）；大陆美容美发业者不仅洗头，而且会“洗脑、洗心”；服贸协议将冲击台湾400万人就业……

绿营“立委”强烈要求服贸协议“逐条审查，逐条表决”，蓝营只同意“逐条审查，通案表决”，双方为此僵持不下。如果，蓝绿为此久耗不决，那么，台湾服务业将错失登陆的最佳时机。**因为接下来十年，很可能是大陆服务业快速发展的“黄金十年”，也是台湾服务业登陆的“黄金十年”。**

服贸协议，大陆给出“超 WTO 待遇”

两岸服贸协议是 ECFA 四大后续协议之一，之前有 2012 年 8 月两岸签的投资促进与保护协议，之后有货物贸易协议、争端解决协议。其中，四大协议的核心协议是服贸协议和货贸协议，服贸协议是服务业的贸易协议，主要探讨双方市场开放的时间与程度；货贸协议是货物进出口协议，主要探讨双方产品零关税贸易的时间与步骤。

历经两年 15 次的协商，2013 年 6 月 21 日，两岸两会在上海终于签署了服务贸易协议，大陆向台湾开放 80 个项目，全部高于 WTO 成员的正常化待遇，就是说高出一般外商享有的待遇；而台湾向大陆开放 64 个项目，只有 38 个项目达到了 WTO 正常化水平，另外 26 个低于一般外商待遇。

两相比较，台湾显然占了便宜。一般外资不能进入的大陆市场，台资现在可以进入了，比如台湾的银行可申请在大陆发起设立村镇银行，可在福建申请设立地市一级的异地支行，台保险业者可以经营大陆的交通强制险等。同时，大陆开放项目对于台资开放的程度，也有“特别照顾”，例如台业者在福建经营电子商务的持股比例可达 55%，台证券业在合资公司中持股最高可达 51%，台医疗机构可在大陆多省建独资医院等，均超越大陆对其他外资的承诺。

而台湾向大陆服务业开放的 64 个项目中，只有 60% 等同外资待遇，还有 40% 低于外资待遇，大陆服务业者在台依然较严重地“低人一等”。

照理说，台湾方面应该拍手称快、赶紧实施才对，不料**台湾海基会带着服贸协议返台后，却遭遇了绿营势力与大批业者的强烈反弹，一个帮助台湾业界找寻出路、帮助台湾经济摆脱困境的协议，似乎成了要算计台湾人民的“阴谋”“黑箱作业”。**

双重标准，绿营一贯的“反中”思维

唱衰服贸协议最厉害的，当然要数绿营人物。他们说台湾与大陆签服贸协议，事先与他们根本没有沟通，简直是在跟大陆一起玩“阴谋”。绿营要角苏贞昌、蔡英文、陈菊、赖清德等人，一个个跳出来声讨服贸协议。苏贞昌更是大放厥词说，大陆美容美发业者将给台湾人“洗头、洗脑、洗心”，实在令人产生不知“今夕何夕”的时空错乱感。

对于绿营表现，中国社科院台研所王建民研究员一针见血地指出，绿营对于开放的态度向来有“双重标准”，对大陆搞一套，对其他经济体另一套。2013 年 7 月，台湾与新西兰签订了经济合作协议，台官方在签该协议之前，也没有把协议内容拿到“立法院”沟通，协议还开放了新西兰 1000 多项农产品销往台湾，绿营对此只字不提，却拿台湾分明“讨到便宜”的两岸服贸协议大加说事，可见“沟通不够”只是借口，要让两岸“不能沟通”才是目的，双重标准则是手段。

稍有谈判常识的人都知道，谈判是“斗智斗勇、讨价还价”的过程，哪一方都不愿在签约前公开谈判内容，这样无疑掀了己方底牌，不利于己方利益。**口口声声“爱台湾”的绿营，要求台当局在签约前与他们沟通服贸内容，应该不会是对于常识的无知，合理解释只能是“借口”。**

即使民进党中的一些有识之士也坦承了“双重标准”，民进党籍前“立委”郭正亮表示，民进党并不反对台湾与其他经济体签经济合作协议，唯独对大陆有双重标准，说穿了就是“反中恐中”。

业界担心，八大产业最受冲击

当然，唱空服贸协议的还有岛内不少业者。这次台湾向大陆开放的 64 个项目，涉及不少小型业者，比如台湾有两三千家旅行社，数量多、规模小，而大陆的国有控股旅行社块头很大，台旅行业者很担心受到大陆同行冲击，所以在协议中没有同意在台的大陆旅行社经营大陆游客业务，而把经营范围仅限于台湾人在台的旅游活动。

总体来看，岛内最担心受冲击的产业包括美容美发、洗衣、广告、印刷、经销、零售、中药批发、仓储等八大类。业者担心一方面是因为这些产业竞争力较弱，台当局为此成立了特定产业因应小组，一旦认定开放后对相关产业造成一定伤害，将与大陆重新协商开放幅度；另一方面也因为台官员与业者的沟通不畅造成。

举例说，在 2009 年 6 月第一拨开放陆资赴台项目中，就包括了中药材批发项目，

4 年来只有一家大陆中药商赴台做保健品批发业务，该开放项目只不过重新被纳入到服贸协议中，并非新增开放内容。但是 2013 年 7 月份一些中药业者还到“行政院”反对进口大陆中药，经“行政院长”江宜桦解释之后，他们才表示有信心与大陆中药业者竞争，这说明许多业者对开放项目内容搞不清楚。

事实上，台湾在服务协议开放的 64 项当中，有 27 项是此前已向大陆开放的项目，这次放到服贸协议中，完全是“新瓶装旧酒”，只有 37 项是新增开放项目。新增项目成了反对者批判的重点，美容美发业就是一例。**民进党危言耸听告诉业者：“一只吹风机，风力不够大；但如果有一万只吹风机，这力量就很大。”“大陆理发师都是帅哥，会抢走台湾女孩子。”**

其实，台湾对于大陆美容美发业进入，规定的投资门槛是 20 万美元（相当于 120 多万元人民币），对多数小本经营的大陆美容美发业者而言是高门槛；同时，大陆劳工按规定不得赴台，所以大陆理发师无法过去，大陆人在台开的美容店，雇用的还是台湾理发师。可是一些业者不明就里，造成恐慌情绪蔓延。

须持开放心态，把握“黄金”商机

中国社科院台研所经济室主任朱磊称，日本、韩国等其他国家都希望与大陆在服务领域上密切合作，以便搭上大陆服务业的高速列车，但是台湾许多业者却在犹豫徘徊，对服贸协议持批判态度，这与世界潮流相背而行。

据了解，商务部一个高官曾在香港向民进党人士表示，两岸服贸协议谈判过程中，大陆计划要开放 110 多个项目，可是台湾对大陆开放的项目太少，双方不能悬殊太大，所以大陆最后只好降到了 80 个项目，这是他多年对外谈判中遇到的罕见现象。

台湾中华经济研究院专家李淳说：“绝对不能只要糖吃，却不愿意付钱，天底下没有这等好事。”台湾向大陆开放的项目，是在“付钱”，大陆向台湾开放的项目是“糖果”，虽然有大陆“让利”因素，但双方交易原则大体还是等价等值。台湾对大陆开放的口子大一些，大陆对台湾开放的口子才会更大一些。

而在将来，大陆服务业的“糖果”有多大、有多甜？据国家统计局统计，2013

年第一季度，大陆服务业占 GDP 比重为 47.8%，首度超过制造业的 45.9%，呈现出二、三产业的“黄金交叉点”，显示出大陆经济结构的重大调整。

朱磊表示，**大陆有 13 亿人口的庞大市场，服务业占比首次超过了制造业，这是一个重要标志，此后大陆服务业将会获得迅猛增长，预估有 10 年的服务业高速增长期，加上大陆政策扶持力度不断加大，为台商进入大陆服务业提供了前所未有的机遇，这是台湾服务业登陆的最好时机。**

王建民说，自从马英九 2008 年执政以来，台商投资大陆从此前制造业为主，开始逐步转向服务业，服务业投资增幅远高于制造业，包括金融、医疗、旅游、航运等领域，台资卡位明显加快。在 ECFA 早期收获清单中，大陆向台开放了小部分服务业项目，一定程度加快了台服务业向大陆转移。“然而总体而言，台服务业投资大陆规模仍然普遍较小。”

王建民认为，**两岸服务贸易协议为台商投资大陆服务业提供了政策支持与制度保障，将促进台商迅速转向大陆服务业，掀起新的投资热；同时帮助大陆制造业台商向服务业转型，服务业将成为两岸产业合作的新热点。**

台湾如果一味以保守心态阻挠服贸协议实施，错过的是台湾服务业掘金大陆市场的最好机遇，台湾应该以积极心态拥抱大陆，以开放台湾服务市场为交换，牢牢抓住大陆服务业的“黄金十年”。

服务业或掀第四波台商投资热潮

在我们身边，台湾服务品牌无处不在：做面包蛋糕的向阳坊、安德鲁森、85 度 C，做衣服鞋帽的丽婴房、达芙妮、红蜻蜓，做米饼泡面饮料的旺旺、康师傅、统一，做咖啡的上岛、名典、我家、真锅……

印象中，台资服务业似乎与我们的生活更加密切，它的投资额应该也会更加多。不过，从 1983 年台企“三德兴”转投资厦门算起，台商投资大陆整整 30 年当中，制造业才是真正的不二主角。

台湾“经济部投审会”有统计，台商投资大陆以来，从 1991 年至 2013 年 4 月，台湾核准台商投资大陆服务业占投资大陆总额的比重不超 20%，其中第一大类是批发零售业，占台商投资大陆总额的 5.7%，第二大类金融业占比 4.4%，第三大类工商服务业占比 3.1%。台商投资大陆金额，八成以上是制造业。

2013 年 9 月，商务部台港澳司司长陈星在厦门介绍，台商投资大陆的制造业比重，从 2008 年的 81.2% 下降到 2012 年的 76.3%，5 年下降了 5 个百分点；台商投资大陆服务业前五类是批发业、商务服务业、公共设施管理、仓储业和建筑业。

台商投资大陆先后出现过三波投资热潮，都属于制造业领域，第一波是以塑胶、纺织、鞋类为代表的劳力密集型产业，第二波是以石化、PC（桌面电脑）代工为代表的资金密集型产业，第三波是以半导体、面板、光电业为代表的高科技密集型产业。

如今，岛内制造业主体已经外移到大陆、东南亚等地，留下来的主体是服务业，台服务业占 GDP 近七成，不仅比重大，具备“硬实力”，而且具有很强的“软实力”。以 7-eleven 为例，全台共四五千家门店，密集度完全可用“星罗棋布”来形容。该店不但卖日用品，而且可以办理居民的日常缴费、罚款、邮寄等事宜，集多项服务功能为一体，具有非常强的服务竞争力。

当前，在大陆调结构、促内需的经济转型背景下，台资制造业遭遇到日益严峻的成本上升、利润下滑之压力，其光芒正在逐渐褪色、黯淡，台资服务业登陆大幕于是徐徐拉开。在大陆舞台上，台制造业曾经是“三十年的河东”，台服务业将成为今后“三十年的河西”。

服务业引领新潮，谁当其中主角？

以往，餐饮食品、批发零售业是台湾服务业登陆的主力军；今后，谁将引领新时代登陆潮流？

朱磊认为，技术含量高、附加值高、知识密集型的现代服务业，未来将成为登陆主角，现代服务业将引领下一波台商投资大陆热潮。以金融业为例，从 2010 年初算起，两岸实质开放仅 3 年多之际，台金融业登陆规模已在登陆服务业中居第二，并将很快超越第一名的批发零售业。

在两岸服务贸易协议中，大陆主要开放领域集中在金融、运输、观光、医疗、电子商务、文创等产业，其中金融业开放尺度最大，台业者对于大陆金融市场向来虎视眈眈，抱有极高兴趣。现代服务业能否肩负登陆领头羊角色，颇受关注。

而厦门大学台湾研究中心副主任李非却一直认为，第四波台资登陆热的主角应该是生产型服务业，这是制造业向服务业的过渡产业，也称作第 2.5 产业。举例说，台达集团是做电子零配件起家的台企，这家企业早早在广东设厂，也在上海成立了行销服务公司，广东做的是制造业，上海做的是生产型服务业。再如 IBM 从电脑生产巨头转型为全球最大的 IT 服务提供商，这种服务是从制造业自然延伸出来的，专门服务制造业，有别于“纯服务业”，也是第 2.5 产业。

当前大陆有 8 万多家台企，大多数从事制造业，相当多企业有迫切的转型需求，它们最可能的转型方向便是生产型服务业，既与老本行相关联，也与三产沾了边。因此，生产型服务业能否成为新的台资登陆热点，也有极高的期待性。

第二十六章
中韩 FTA：台制造业的原子弹

出口是台湾经济的最大功臣，韩国是台湾出口的最大劲敌，韩国与全球主要经济体广签FTA，台湾的FTA伙伴却几乎都是小儿科，优劣立判。韩国的这个当年“亚洲四小龙”之尾，竟然扼住了当年“四小龙”之首的台湾命运之咽喉！

2013 年 11 月，台湾“主计总处”预估全年经济增长 1.74%；而在这年初，台当局财经官员乐观表示，经济“保二”不成问题。

观察近年来代表官方的“主计总处”预测数据，会有趣地发现，该部门对台湾经济成长值的预估，几乎都是“开高走低”，年初开出的估值最高，越到年底越走低。

就近两年来说，台湾经济增速低于全球经济平均增速，在亚洲主要经济体之中，仅高于日本。中华经济研究院经济展望中心主任刘孟俊认为，台湾经济长期低迷成为新常态。

韩国经济快速自由化，危及台湾出口

中华经济研究院董事长梁启源介绍，台湾从 1990 年到 2000 年，经济年均增长

6.23%，2000 年至 2007 年平均增长 4.23%，2007 年到 2012 年平均增长近 3%。台湾经济成长脚步放缓的轨迹非常明显，在 2012、2013 年，经济增幅在 2% 上下徘徊。

经济放缓，无非缘于出口、投资、消费等三种驱动力的减弱。就出口而言，台湾面临在区域经济整合浪潮中被边缘化的命运。台湾中央大学经济学系教授朱云鹏称，截至 2012 年，韩国每出口 100 美元商品，有 36 美元被 FTA 协议覆盖，这 36 美元商品可享受趋近零关税的出口优惠，而台湾即便把 ECFA 早收清单纳入，出口商品的 FTA 覆盖率也只有 6.35%，两者相差近 6 倍。

近年台湾在东盟的出口占有率下降，韩国占比却在上升，主要原因是韩国与东盟签了 FTA。更可怕的还在后头，韩国与中国大陆的 FTA 谈判已近尾声，很可能于 2014 年签署，特别是钓鱼岛事件使中国大陆更愿意与韩国结为战略伙伴，从而加速双边 FTA 进程。

朱云鹏强调，**一旦中韩 FTA 签成，这对台湾制造业来说不是烟幕弹、冲天炮，而是一颗原子弹。台湾与韩国的出口项目有一半以上重叠，届时台湾的石化、纺织、工具机、钢铁制品进入大陆要课 5%—15% 的关税，而韩国同类产品则能免关税，台制造业必将面临空前冲击。**

逼近公债上限，“财政反循环”失效

每当经济不景气之际，便有“财政反循环”一说，意思是经济趋冷，财政反而要加热，通过积极财政政策，增加公共投资，增多就业岗位，提高工资收入，拉动民间消费，使整体经济热络起来。

根据台湾“经建会”发布的景气对策信号灯，至 2013 年 10 月，台湾景气已陷入衰退阴霾达 27 个月，景气灯呈现为冷色调的蓝灯或者黄蓝灯，未见暖色调的反映经济向好的红灯或者黄灯。

朱云鹏指出，台当局受到财政赤字恶化、公债逼近上限的束缚，官方投资、消费负成长，未能实施反景气的财政扩张政策。以 2013 年第三季为例，由于官方投资、消费和公营事业投资同比负成长，致使该季公部门支出占 GDP 比重仅为 14.7%。

由于官方投资未能起到“点火”效应，民间投资热情也被浇冷。2012 年台湾境内投资 2.4 万亿元（新台币，下同），较上年减少 1014 亿元，其中民间投资额连续两年降到 2 万亿元以下，超额储蓄（储蓄额减去投资额）则高达 1.35 万亿元，显示投资力道萎缩。

长期低物价，掉入低品质低薪资陷阱

在萎靡不振的台湾经济各项数据之中，岛内民众颇引以为豪的一项数据是物价指数。据“主计总处”统计，2013 年前 11 个月，台湾物价同比增长 0.8%，同期韩国增幅 1.2%，美国 1.5%，新加坡 2.4%，中国大陆 2.6%，香港 4.3%。相比之下，台湾物价涨幅最低。

作者 2011、2013 年曾到台湾驻点采访，中间相隔两年时间，除了房价一直上涨，基本没觉得其他物价在上涨。这与台媒整天宣称物价“涨声一片”有很大反差。在媒体上看到的台湾，这两年油价涨、电价涨、房价涨，几乎什么东西都涨价了，然而真实的台湾与“主计总处”的数据显示并非如此。

或许，这反映出台媒丝毫不能容忍哪怕有一丁点的涨价，民众几乎“逢涨必反”。台湾世新大学经济系主任周济表示，**台湾掉入到如此陷阱之中：低物价——低品质——低利润——低薪资——低生活水平。正因掉入这个陷阱，所以近年台湾食品安全事件频发，台湾民众实质薪资停留在上世纪末水平。**

民众收入不增，造成消费对经济贡献萎缩。2013 年前 10 月，台湾商业营业额同比微增 0.2%，其中批发业减少 0.3%，零售业增加 1.5%，餐饮业增加 1.1%。

总而论之，出口受挫，投资乏力，消费疲软，台湾经济的长期低迷，自然也是预料中的事情。

第二十七章 台湾代工产业“美丽而哀愁”

台湾闷经济的一个重要根源是代工出口依赖。在全球经济景气上升之际，代工业成长得“很美丽”；但当全球经济变冷之时，代工出口会变得“很哀愁”。产业处在“微笑曲线”底端，经济当然“笑”不出来，于是很郁闷。

2013年5月28日，台“行政院长”江宜桦推出四大面向的13项刺激经济举措，四大面向分别为扩大消费支出、提振岛内投资、激励创新创业、修正证所税等，这四大举措能让台湾的“闷经济”变成“活经济”吗？能让江宜桦就此揭开经济“大闷锅”的锅盖吗？

“内需拉动”切中弊病

这次四大面向举措一个鲜明特点是没有了外需拉动（即出口拉动），民间消费、岛内投资、修正证所税都是内需拉动的举措，而长期以来出口是台湾经济的主要驱动力。

厦门大学台湾研究院经济所石正方副教授称，江宜桦用“闷”来形容台湾经济，点出了台湾经济很沉闷、不活络，主要体现在消费低迷、投资乏力上，怎么来刺激经济成长，从四大面向入手可谓对症下药。

投资、消费、出口是拉动经济的“三驾马车”，而出口向来是台湾经济最得力的一驾马车，数十年来台湾的贸易依存度（贸易额占 GDP 的比重）一直在 100% 以上，而出口占 GDP 比重通常也达到六成以上，出口对台经济成长率的贡献也在一半以上。

石正方认为，这次刺激措施不提出口，是因为历次刺激经济都非常强调出口，也做了很多努力，可说是招数用尽，然而在国际金融危机之后，各国投资贸易保护主义盛行，台湾主要出口市场欧美经济体萎缩，导致台湾出口刺激措施的成效不彰。

出口拉动力下降之后，出口型企业收入下降，员工薪资难有实质性成长，因而不敢消费，造成消费萎缩；同时，从上世纪末开始，台湾产业外移成潮，岛内投资越发乏力。

消费萎缩、投资乏力，意味着钱不流动，大家有钱不去消费与投资，而是存到银行，造成了较高的超额储蓄率（储蓄率减掉投资率）。上世纪末台湾储蓄率（储蓄占收入的比值）在 25% 左右，如今涨至 30% 以上，凸显民间消费更趋保守。储蓄率越高，投资率（投资占收入的比值）越低，超额储蓄率就会越高，民间消费随之越冷。

21 世纪以来十多年中，台湾民间消费年成长率几乎在 1%—2% 之间移动，这种增速往往不及同期台湾经济增速的一半，而在上世纪八九十年代台民间消费年均增速达到 7%—8%，与经济增速水平相当。

另一大项的修正证所税举措，目的也是加强股市资金的流动性，以股市流动性配合实体经济的流动性，以此刺激内需（即投资、消费）。

长期活力依靠产业转型

“尽管对症下药了，方向对路，但能否奏效，还得看具体采取了什么措施。”

石正方强调，**台湾经济很闷，并非因外部环境引起的短期性问题，而是从本世纪以来经济整体成长率下降，是结构性的问题，原有的制造业外移，新兴产业又成长不起来，产业空洞化导致就业下降、薪资停滞。**

她认为，江宜桦提到的“鼓励创新创业”举措，应该就是着眼于产业转型升级。从 20 世纪 90 年代末期开始，台当局就提出要产业转型升级，一二十年过去了，台湾依然严重依赖电子代工产业，转型升级流为空谈。

转型主要包括两方面含义：一是制造业推出新产业，二是服务业高质化。台湾产业为何一直没能成功转型？石正方认为，一是路径依赖，**台湾电子代工业多年来发展很顺畅，来大陆之后也继续代工，成长得“很美丽”；不过自 2008 年全球金融危机、2010 年欧债危机以来，台湾电子产品外销大幅受挫，现在变得“很哀愁”了。**

转型不成功的第二个原因是台湾市场空间极其有限，台湾总人口只有 2300 万人，其中一两百万台商、台干还常年在大陆生活，这些人是具有高度消费力的一群人。缺乏足够的市场支撑，造成台湾制造业外移，又因路径依赖，创新动力不足，没有发展出有竞争力的新兴制造产业。而服务业是用来服务第一、第二产业的，因为没有制造业的依托，所以其优化升级之路严重受阻。

中国社会科学院台研所王建民研究员表示，**台湾环保意识高涨，很难发展重化工业与基础工业，大多数民间投资集中在电子、信息产业，并且以代工出口为主，国际市场一旦不景气，电子信息产品需求便会萎缩，加上近年韩国电子业的迅猛发展，对台湾的整体产业构成重大冲击，造成经济越发窘困。**

石正方以为要破解台湾产业转型难题，必须依托大陆市场，让台湾经济融入到两岸经济一体化进程中，从中吸取养分、动能，两岸产业良性互动，一起转型升级。

转型需两岸经济一体化

大陆在“十二五”规划中提出要大力发展七大战略性新兴产业，台湾在“黄金十年”规划中列出六大新兴产业，两者有许多交叉重叠之处，两岸都提出了要转型升级，都要从低端的制造业加工迈向“微笑曲线”的高端，发展技术研发与品牌通路。

在这种形势下，两岸产业合作，会不会是一种刀刀见血的惨烈竞争？石正方表示，**原来的两岸产业合作主要体现在垂直分工上，通常是岛内台商与大陆台商的分工，岛内接订单、搞研发，大陆加工、出口，台商在大陆基本上是独资经营，与大陆企业的融合度很低，因而准确说是台商在大陆的“飞地经济”。**

在 2009 年陆资赴台以后，真正意义上的两岸企业合作起步，彼此参股，或者进行并购，开始了两岸产业链的磨合，台企借此进入大陆的市场通路，陆企则欲借此通过台湾向全球市场通路辐射。

石正方介绍，任何市场都有壁垒（如政策壁垒、文化壁垒等），台企若不与陆企合作，很难进入大陆市场，只有台企与陆企对接上了，才能有效配置双方资源，拓展大陆市场，摆脱依赖欧美市场的困境。她说，如今两岸企业对接从垂直分工过渡到水平分工，从优势互补过渡到彼此竞合，竞合的结果可能是两利，也可能两伤。

那么，两岸企业合作如何变成两利？石正方建议，**现有产业的话语权在欧美手上，因此两岸要想占领产业高地，必须开发新技术，开拓新产业，然后共同制定技术、产业标准，创造新品牌放到两岸市场使用，未来逐步向外拓展。这样，新技术、新产业的话语权就会掌握在两岸企业手中。**

石正方还乐观地表示，两岸企业完全有可能做到两利，原因是有庞大的大陆市场作依托，如果是一个很小的市场，双方是在分食蛋糕，可是大陆市场足够大，完全容得下两岸企业纵横驰骋，这时双方就不是在分蛋糕，而是共同把蛋糕做大。

第二十八章
三大“不友善”，台湾产业转型深陷泥淖

20世纪七八十年代，台湾有过一次成功的产业转型，奠定了日后电子代工王国地位；可惜此后三十多年，台湾过度依赖电子代工业，未能实现第二次成功的产业转型。究竟有哪些瓶颈，束缚了台湾产业的华丽转身？这或许是一个永远不会有答案的问题。

雨天路滑，车轮一直在泥地里打转，进也不得，退也不成。这好比今天的台湾产业状况。

今天台湾产业以电子信息业唱主角，这源于三四十年前台湾发起的半导体创业风潮；然而，路径依赖也使台湾错失了产业转型良机。

2008年全球金融危机以来，台湾出口急剧滑坡，凸显其产业竞争力严重衰退。当前，台湾面临的三大“不友善”，使其产业转型之路举步维艰。

雨越下越大，司机越来越急，轮子越转越快，车子却越陷越深。

对服务业开放不友善，服务业增速缓慢

2013年底在台北举办的一场“台湾经济的未来与挑战”论坛上，中华经济研究院董事长梁启源介绍，从1986年到2000年，台湾服务业占GDP比重从50%增

加到70%，但是从2000年之后，服务业增速就一直低于经济增长率。

以最近的从2007年到2012年为例，台湾年均经济增长近3%，其中制造业年均增长5%以上，而服务业年均增长2.5%，服务业中的金融业更是仅年均增长1%。

梁启源称，在20世纪末，台湾实行金融、通讯领域的大开放，引入民间资本与外来资本竞争，推动了服务业大发展，使其在GDP中的比重达到七成。

可是21世纪十多年来，台服务业比重不再上升，其出口额更是只有总出口额的15%，说明台湾服务业对外竞争力低下，原因是服务业开放程度远远滞后。

梁启源举例说，大陆（含香港）市场占台湾出口额的40%，然而两岸签署的推动互相开放市场的服务贸易协议，却迟迟在台湾未能通过生效。

台湾只有进一步自由化、国际化，才可增强服务业竞争力。服务业发展停滞，阻碍了制造业向服务业的转型。

对新兴产业不友善，年轻人创业热情熄火

产业转型包括两层含义，一是旧有产业的转型，指一产、二产向三产转型；二是创造新兴产业，创业是产业转型的重要推动力。

我们来看创造新兴产业方面。台湾工业技术研究院董事长蔡清彦指出，2012年全台湾的创业投资基金总额只有15年前的1/10，这充分反映了台湾对新兴产业的不友善态度。

蔡清彦很怀念几十年前台湾的创业好时光。在20世纪70年代，因为石油危机与新台币升值，台湾遭遇了重大的出口挑战，台当局于是鼓励创新创业风潮，创造新兴产业，创造新的出口竞争力。

那时候，创业没人才，当局就在1973年成立了工业技术研究院，引入"海归派"回台服务；创业没资金，就大力推动设立创投基金，推行员工配股分红制度；创业没土地，就辟出一个接一个的科学园区。

1980年，台湾联电公司成立，1987年台积电公司成立，半导体产业带动了台湾最热创业风潮，使台湾产业由劳力密集向科技密集转型，奠定了此后科技产业30年荣景的基础。

蔡清彦动情地说，**今天台湾的多家世界级公司，老板都是60—80岁的老人，**

是已故的百岁老人给他们创造了机会；今天这些 60—80 岁的老人，能否也给下一代人创造机会，争当年轻人创业的金主？

为构建友善创业环境，工研院近年倡导内部创业文化，鼓励从大企业中分出一个个组织去创业，并在产业链各个环节提供“创新育成”服务。工研院受到李开复在大陆设立创意工场的启发，正与李开复筹组“台湾创意工场”，智援、金援有潜力的台湾创新团队。

对高阶人才不友善，台湾成为人才净流出地

台湾元智大学校长张进福表示，**台湾产业深陷瓶颈，如何脱困？必须靠人才，产业提供人才发展的机会，人才是产业转型的关键要素。但十分遗憾，台湾对人才采取了“拒之门外”的态度。**

远见·天下文化事业群创办人高希均认为，台湾是一个“极其慷慨大方”的地方，帮助大陆训练学生，却不用大陆学生，以“陆生三法”禁止其在台湾暑期打工、考取专业执照、毕业后找工作等。高希均说，新加坡吸引海外留学生，发给奖学金，但前提是他们毕业后要在新加坡服务三年。

张进福称赞美国永远青春、活力、美丽，因为国外最好的人才都跑到了那儿，美国上市公司的创业者一半来自外国；反观台湾，却缺乏海外人才工作的环境，形成高阶人才“只出不进”。

梁启源介绍，这 10 年来，台湾每年外移人口 2—3 万人，6 成以上是白领人才；当前台湾外侨近 50 万人，其中白领只占 2 万人。梁启源认为，人才外流原因一是经济低速发展，二是打“肥猫”过头，把领高薪的人才一律视为“肥猫”加以痛打，把人才都逼走了。

台湾旺宏电子总经理卢志远强调，任何产业发展，都要靠资金、技术、人才三大要素达成，其中人才最为重要，因为有了人才，其余两项就可依序到位。

第二十九章
台湾文创产业"活化"之术

文创产业与生活品质相辅相成，当人们注意提升生活品质时，文创产业自然蓬勃发展；文创产业欣欣向荣，又反过来提升人们的生活品质。台湾民众注重生活品质，这为文创提供了肥沃的土壤，台湾文创有一种精致之美，有一股活化之源。

台湾文创产业可谓奇思泉涌，善于把没什么风景之处，变成"风景这边独好"；把没什么内涵的东西，变成一拨拨观光客引颈欣赏。

笔者2011年驻台探访期间，实地探访了台南市多个文创基地，切身体会到台湾文创高超的"活化"之术，目睹了一个个荒弃的厂房、空间，如何被"活化"成人气超高的"财源"。

糖厂变成鼓乐场

台南市十鼓文创园区占地面积5万平方米，是台南新的文化地标，也是亚洲第一个以鼓乐为主题的文化园区，园内设有室内鼓乐场、室外水槽鼓乐场、鼓乐博物馆、击鼓体验馆、制鼓手工坊，把鼓乐这一主题“掘地三尺”，甚至还推出“鼓早”味冰棒，谐音“古早”味，令人印象深刻。

十鼓园区在数年前，可没有如此风光，而是一番怨妇被打入冷宫的情景。这里原属台湾糖业公司的一处制糖厂，随着现代生活对糖的需求在减少，此处糖厂渐渐沦为“半失业”“全失业”状态，高耸六七十米的糖厂烟囱，更显得高处不胜寒。

2005年，台湾十鼓击乐团看上了这块被荒弃的“宝地”，经过重新规划、改造，两年后十鼓文化园区正式迎客，烟囱虽然没有了炊烟袅袅，但是人们的祈福声由此传送至高天。击鼓“菜鸟”可到体验室尽情体验一番，在导览员教授之下，不一会儿便可向外人炫耀一番击鼓技艺，说不准令外行视你为“击鼓达人”。

原来运载甘蔗的小火车也重新派上用场，不过甘蔗变成了游客，感受着老牛拉破车的缓慢节奏，不由得令人浮想起当年糖厂工人收割、运载甘蔗的繁忙景象。物是人非，沧桑变化，糖厂成了荒地，荒地成了园区，园区成了景点。

盐场堆成“长白山”

台南市七股区有一座终年“白雪皑皑”的山，三四层楼高，不少成年人童心未泯，兴致勃勃地在上面溜“滑滑梯”。登上山顶，举目四望，是当年晒海盐的片片盐田，如今也成了游人体验晒盐的场所。

这座山叫七股盐山，本是台湾盐业公司七股盐场的晒盐堆场。台湾因为气温不够高、雨水又多，在进口盐的冲击下，晒盐竞争力逐年衰退，本世纪初台盐公司全面关闭晒盐场，七股盐场也不例外，至此长达300多年的台湾晒盐产业走入历史。

盐晒不成了，台盐公司便把无处可去的盐堆成了一座山，因为终年白茫茫一片，被当地人称作“台湾长白山”，与吉林长白山对照成趣。此“长白山”不收门票，主管单位却开发出盐雕、盐饰、盐皂等工艺品，游客们可将不同颜色的盐巴装入形状不一的瓶子袋子里，既当饰品也保平安，还可自己动手，做成鸭子、爱心、花形等不同造型的香皂，长期涂抹有利保养皮肤。

在相隔不远的井仔脚盐田，无意间看到一个妇女头戴斗笠、脚穿水鞋，正用工具推着田里的盐巴。导览员介绍，这个妇女原来是晒盐农民，盐田歇业之后就成了盐田所属风景管理区的员工，她的工作不再是晒盐，而是给前来参观、体验的人们做晒盐示范，让他们在学到晒盐知识之余，更体会到以前农民晒盐的辛劳，以及晒盐 DIY（自助）的乐趣。

“割稻饭”餐厅和“猪舍客房”

台湾文创业者真是想人所不敢想，奇思异想迭出，精妙作品纷呈。几年前，一部《无米乐》影片红了台湾，影片主人公是台南后壁区菁寮社的一个村民，此人曾以“台农 71 号”稻米夺得全台“冠军米”殊荣。透过《无米乐》的风靡，菁寮社稻田如波似浪、稻谷远近飘香的场景，激发起无数都市人回归田园的动力，也使得当地从此游客不断。

台南市观光旅游局官员介绍，菁寮社推出“二日 500 元自助游”活动，游客只要交 500 元新台币，就能从台南车站免费搭车到菁寮，免费在菁寮体验割稻，体验妇女们制作手工袋。另外，当地特色的“割稻饭”也绝对值得一尝，不过这需另外付费。

割稻饭来源于当地收割稻谷的农忙季节，某家人请村民们帮忙割稻，仅靠一家的菜不够吃，就请帮忙的村民都带上自家菜，吃饭时便把大家的菜合在一块吃。饭菜铺在田埂上，人们或坐或蹲或站津津有味吃着“割稻饭”。如今为了方便游客，菁寮社专门在空地上搭盖了凉棚，凉棚内摆上“割稻饭”，吹着自然的天风，坐在木条凳子上，吃起来别有一番滋味。

菁寮社干部介绍，除了利用空地搭盖“割稻饭”餐厅，还利用村民弃之不用的猪舍改造成客房。一名干部诙谐地说，这些猪舍前低后高，游客进门时体会到“人在屋檐下，不得不低头”的意境，并且四面通风，比城市冷气更凉爽。当然，会尽量雅化这些猪舍，使之显得有文化品位。

荷花深处是陶坊

台南市白河区是全台莲子、莲藕的最大产区，莲区一年四季各有不同的乡村表情，特别到每年盛夏赏莲期，莲海飘香，莲花妖娆，赏莲人络绎不绝。

受到莲区的启发，当地文创工作者林文岳把旧房子改造成“白荷陶坊”，从凉亭到门窗、桌椅，多数由废弃木头搭建而成，而林文岳的创作，无论是水墨、陶艺，还是荷染，无处不留下“莲花印象”。

白荷陶坊的制作特点是取莲蓬灰加石灰石，用温泉土混合其他材质，烧到1200多摄氏度高温成为温润的陶器后，再以荷染布包装成一件件“荷味”十足的工艺品。游客可到那儿体验陶玩DIY、荷染DIY，并带走DIY作品，也可骑着自行车畅游莲乡，累了饿了时，当地的莲花套餐就成了你不错的一种选择。

FIVE PART

第五部分 民生触动

◎在台湾，一个人是如何变穷的？

◎台湾何以掉入“低薪陷阱”？

◎台湾养老金“右转”求生存

◎“以房养老”：为养老新开一扇门

◎台湾“少子化”社会如何炼成？

◎台北为何高房价、低租金？

◎从奢侈税看台湾“打房”得失

◎台湾电价市场化之困

◎台湾出租车“牌随人走”可供借鉴

第三十章

在台湾，一个人是如何变穷的？

物以类聚，人以群分。学贷族、派遣族、卡债族、房奴族、照护族、流浪族……这一系列族群，生动反映出一个人在台湾的贫穷轨迹。

2011年还在台湾大学政治学系就读研究生的陈方隅，很庆幸自己上了公立大学，每年的开支不会太多。可他的表弟表妹就没这么幸运了，他们上的是私立大学，学费贵出公立校两三倍，加上杂费、住宿费及其他生活费，每人每学期约10万元（新台币，下同）。

陈方隅表弟表妹两人每学期总共要花20万元，一年就要40多万，算下来父母每个月要在他们身上花4万元，而父母两人每月收入加起来不到5万元。表弟表妹就像其他同学一样，申请了助学贷款，不过按规定每人每月学贷不能超过6000元，剩下的资金缺口，只能靠他们课外时间打工补贴。

在台湾，许多人从学生时代就背负债务，毕业后工作不好找，或者找到的是薪资很低的派遣工，经济紧张就办信用卡透支，一不小心成为卡债族，如果在都会区上班，“安居”也成为奢想。万一工作没了，又没房子，甚至可能流落街头成为游民，成为贫困族群中的最底层。

学贷族还没工作就还贷

这些年，台湾薪资增长像蜗牛爬树，笔者跟一些台湾人交谈时，他们对大陆工资增长速度羡慕得不得了。2010 年是台湾经济 20 多年来增速最快的一年，达到 10% 以上，可是这年台湾薪资占 GDP 的比重只有 44.5%，比重较上年反而下降了 8%。

台湾反贫困联盟表示，台湾处于低薪社会，1990 年薪资占 GDP 的比重还有 51%，可是 20 年过后，反而掉到 44.5%，远低于 2010 年香港的 58% 和日本的 63%，这反映了台湾民众没有享受到经济成长的果实。

上班族实际薪资缩水，作为他们上学的子女，越来越依靠学贷完成学业。台湾反贫困联盟介绍，2011 年约有 81 万人欠学贷，人均欠二三十万元。陈方隅希望，除了提高贫困学生的奖助学金，还应让他们量力还款，工作后如果遇上失业、生育、家庭变故等，应当延长还贷期限或提供短期免息贷款。另外，按月还款额应该与薪资收入成正比，避免学贷族踏入社会就沦为贫困人群。

派遣族上班随时会被解雇

台湾有一个名词叫“非典型就业”，指那些不是常态、典型的就业，多按时计算工酬，以派遣工为主。派遣工属于中介派遣公司，不是就职单位的正式工，由派遣公司根据需求派到不同单位，因此他们的一部分报酬被派遣公司作为中介费抽走了。

陈方隅介绍，台湾从 20 岁到 30 岁的年轻人中，约四分之一是派遣工。他们没有加班费过节费，没有福利，还可能随时被解雇。越来越多单位基于成本考量，把一份正式工的工作拆成由若干个派遣工来做。

2010 年台湾劳动生产力（单位时间内的生产量）比上年增长了 16%，然而单位劳动成本（生产总量除以劳动时间）却同比减少了 11%，这表明企业收入增长了，员工收入下降了，企业没有与员工“有福同享”。员工收入下降的一个重要原因，就是派遣工的增加。

2010 年台湾月薪低于 2 万元新台币的有 104 万人，而 2008 年才 82 万人，这个数据也说明了以派遣工为代表的低薪阶层在扩大。

卡债族信用卡循环套现

越来越多年轻人每月入不敷出，成为“月光族”，但日子终究要过下去，怎么办？办张信用卡把银行的钱先借出来用，“月光族”就成了“卡债族”。

前些年台湾银行部门大力发展消费金融，对信用卡审核非常宽松，造成“卡奴”泛滥，酿成全社会的“双卡（现金卡、信用卡）风暴”。台湾“法律扶助基金会”介绍，曾有一个低收入民众黄先生通过“以卡办卡”，竟然办了9张信用卡，后来实在无法偿还60多万元的连本带息，找“法扶会”帮忙与银行打官司。

多数卡债族跟银行发生纠纷时，由于没有第三方协调，往往处在绝对弱势状态。据称，卡债族无能力还款时，可以申请更生或者清算。“更生”有重获新生的意思，假如你借了20万，后来利滚利变成100万债务了，申请“更生”通过后，也许只需还50万就可以了。“清算”代表你已经破产，债务可一笔勾销。

台湾反贫困联盟表示，目前台湾的“消费者债务清理条例”规定太模糊，对于更生、清算条件指向不明确，申请者通过几率仅10%左右，而发达国家和地区通常在一半以上。台当局近年来没再公布卡债族数据，但据民间推估，全台还有数十万卡债族，如何让他们合理解除债务，是台湾社会面临的一大问题。

房奴族根本买不起房子

除了卡奴，还有房奴。近年在台湾都会区，特别是台北市房价一路蹿高情形下，房奴队伍日渐壮大。近年来，房价高居民怨之首。由房奴组成的“无壳蜗牛”联盟，在台北街头消失了多年之后重新出现，以蜗牛无壳无居的辛酸形象，抗议房价涨得“没有人性”。

以台北房价为例，一手房均价从2003年至2012年翻了一倍，大约是前5年从每坪(1坪=3.3平方米)近40万涨到60万，后5年从60万涨到近80万。好地段的房子每坪一两百万，一些甚至接近三百万。

据台湾反贫困联盟提供的数据，全台的社会住宅（只租不售，相当于大陆的廉租房）仅几千套，不到全台总户数近 800 万户的 0.1%，而西方发达国家和地区多在 10% 以上。该联盟透露，将努力推动制定 “住宅法”，让买不起房子也租不起商品房的人有一个安身处所。

照护族生病了入不敷出

台湾家庭照顾者关怀总会负责人袁慧文长期接触低收入家庭，她看到了太多因病致贫的例子。她说，家里如果有一个人得了中风或其他慢性病，需要有人长期照护，家中主要劳力可能因此而放弃工作，经济收入没了，还得承担巨额医疗养护费用，因此陷入了贫困之中。

袁慧文称，全台有四五十万个需要长期照护人员，但只有千把个低收入老人每月能领到 5000 元财政津贴，受益人占总数的 0.5% 还不到，即使能领到 5000 元，也只是象征性补助。

从 2011 年 7 月 1 日起，根据台当局新的贫困线标准，贫困人口占比 3.3%，近 80 万人。这个比例远低于全球许多地方的将近 10%，台当局对贫困人员的标准规定得太严苛，使得许多该享受财政津贴的人无法享受。

流浪族一贫如洗睡街头

贫困族群中的最底层，便是流浪街头的游民了。一些三四十岁的人住不起房子，没有固定收入，就睡在公园、火车站等地方，据台湾当局统计有 3000 多人，但据民间估算，应该多一倍以上。

政府部门针对游民建了一些安置所，但床位总数根本是杯水车薪，多数游民得不到适度的照护。反贫困联盟提议，台当局应对游民进行分类辅导，让有工作能力者重新就业，让老弱病残者有吃饭、洗澡的地方；同时，拨预算给宗教团体、民间团体。而事实上，有时候警察把游民的背包当成垃圾扔掉，等于把他们的家当也扔掉了，更使得游民“一贫如洗”。

贫富差距拉大 贫穷焦虑增强

贫穷是一个模糊概念，有人年赚百万，也觉得自己很穷。贫穷往往是一种心理感觉，如果老觉得自己穷而烦躁，你很可能得了贫穷焦虑症。

当今社会，这种焦虑症有两大根源，一是贫富差距拉大，二是房价高居。贫富差距拉大，相对剥夺感增强，焦虑感就会越强。而高居的房价，已吸干了众多上班族的大部分薪水。

台湾社会按 20 个等级来划分，1998 年最高收入 5% 家庭所得是最低所得的 33 倍，2008 年升至 65 倍，2011 年高达 97 倍。2011 年最低 5% 家庭所得仅 4.8 万元，最高 5% 所得高达 463.5 万元。穷者越穷，富者越富，社会中间阶层在萎缩。至于房价，已成为台湾民怨之首，足见它给民众带来的焦虑感。

为了消除贫穷，台当局如何合理运用税收杠杆，弥平贫富鸿沟；如何合理抑制房价，藏富于民众，是摆在台当局眼前的两大难题。

第三十一章
台湾何以掉入“低薪陷阱”？

曾几何时，我们印象中“水深火热”的台湾人，回大陆探亲时却个个富得流油，他们的钱财对我们来说几乎是天文数字。时光流转，台湾人这般好日子已经一去不返了，他们的工资，十几年来基本上没有“与时俱进”。

据台“主计处”统计，2013年上半年台湾上班族平均月薪48651元（新台币，下同），扣除物价上涨因素后的实质月薪为47557元，衰退到1997年水平。

以10年为一个阶段回顾台湾的薪资变化轨迹：1981年平均月薪10677元，1991年26881元，2001年41960元，2011年45749元。过去3个10年中，第1个10年薪资涨幅1.5倍，第2个10年涨幅近6成，第3个10年不到1成。

而如果观察台湾的实质薪资，近年来基本上在45000元上下浮动，与20世纪90年代末相当。十多年，实质薪资原地踏步，台湾掉入到可怕的“低薪陷阱”之中。

整体经济走弱，产业结构低端

中国社会科学院台湾研究所王建民研究员表示，台湾工资增长停滞，最重要原因是经济增长走弱，竞争力走低，工资滞涨往往是经济低增长的表现。

台湾经济走过了20世纪70至90年代的高增长之后，本世纪以来，陈水扁执政8年（2000—2007年）的年均增幅约4%，马英九执政前5年（2008—2012年）年均增幅不到3%，是高增长期间的拦腰砍半水平。

整体经济环境变差，自然导致企业竞争力变弱，加上台湾产业结构没有顺应形势转型升级，制造业依然以电子信息业代工为主，伴随着大陆、东南亚等代工基地的迅速崛起，以及2008年全球金融危机以来美欧市场需求紧缩，代工利润日益微薄，企业盈利能力更加下降。企业为了压缩成本，只好尽可能少发工资。

据台“经建会”统计，2001年台湾中间产品占出口的比率是61%，2011年升到74%。这意味着，台湾出口产品越来越多不是直接送给消费者的成品，而是要经过加工、组装的零组件，陷入到所谓的“代工宿命”之中。

台湾竞争力论坛理事长彭锦鹏称，十几年来，台湾创新力道减弱，产业升级减缓，所以对于前沿科技人才的需求减小，企业没动力比薪资比待遇，去争取高端技术人才，而低阶人力遍地都是，无需提工资吸引他们。

另外，占台湾GDP七成的服务行业，绝大多数是中小企业，缺乏国际竞争力。随着台湾产业外移，百万台商台干“登陆”，他们是消费力最强的一群人，这种消费能力外移，减少了台湾服务行业的收入，从而影响到服务业提薪。

公务员被视“特权”，公营企业抓“肥猫”

企业员工没法涨工资，而作为“公家人”的军人、公务员、（公立学校）教师，在经济景气不好时，他们如果涨薪，就容易被视为“特权”而加以抨击。

王建民观察，在陈水扁执政前期，台湾军公教人员工资基本与经济同步增长，年年调涨工资，但到了扁执政后期，经济形势变坏，社会矛盾加深，公务人员被视为特权阶层，扁当局没再敢涨他们的工资了。马英九上台后，经济形势更加恶化，调涨公务人员工资更加难上加难。

以大学教授薪资为例，台湾教授月薪大约10万元，约为香港的1/4、新加坡的1/3，以及相当于韩国的6成。这是因为台湾公立大学教授属于公务员，最高级别教授月薪不能超过12万元，香港、新加坡的特聘教授薪资不封顶，还可以分红、兼职开公司，或在公司任董事、顾问等，这些在台都是禁止的。

另外，公营企业和政府为主出资的财团法人，也要比照公务员薪酬体系，严重缺乏弹性。这些单位一旦有领取高薪者，往往被当成“肥猫”予以舆论痛打。台湾证交所董事长年薪为四五百万元，而新加坡、香港等地同样职位年薪是几千万。岛内不少学者认为，打“肥猫”其实是“民粹、平头主义”，用一般人眼光看高端人才。

王建民表示，**台湾公务人员与企业人员的工资高度联动，公务人员“冻薪”，造成企业更不愿涨工资；企业工资不涨，又导致公务人员工资更难涨，形成了比赛不涨工资的恶性循环。**

人力供需失衡，青年失业严重

台湾低薪化还与劳力结构失衡密切相关。21世纪以来，台湾高科技业者在品牌大厂猛砍代工价格的压力下，生产线大量外移，相当多岗位随之外移，而岛内留下的产业没有及时升级换代。这就造成了岛内对高端科技研发、创意设计、品牌营销人才的需求不旺，大批有这方面专长的大学生找不到工作。大学生因为忽视了技职训练，到车间的动手操作能力差，导致不少代工企业岛内招不到人，只好招收许多境外劳力，而境外劳力工资更被严重压低，不少人每月只领到最低工资约2万元。

这些年，台湾失业率通常在4%—5%之间，可是以大学生为主体的年轻人（20—24岁）失业率往往在12%左右，是社会平均失业率的3倍。据台湾1111人力银行2012年底对刚毕业或退伍的社会新鲜人做的调查，近三成受访者起薪不到2万元。据台湾104人力银行调查，2011年刚毕业的专科生平均月薪2.4万多元，大学生2.6万多元，研究生2.8万多元。这种情形下，不少大学生奔着“月薪10万”的梦想，远走澳洲当屠夫、农夫、矿工……

外劳和大学毕业生的低薪严重拉低了整体工资水平。彭锦鹏强调，**薪资归根结底反映的是人才的供求关系，企业外移，导致人力需求减少；大学扩招，外劳不缺，导致相关人力供应增加，从而造成了台湾薪资滞涨状况。**

第三十二章

台湾养老金“右转”求生存

老龄化是一个全球性的课题，伴随而来的是养老保障难题。作为个人，谁都希望养老金“多多益善”，民选政府为了讨好民意，也尽可能承诺多给。只是，财政早已捉襟见肘的台当局，凭什么来不断填充这个大洞？

2013 年，台湾养老金制度走到拐点，经过了多年的左转（指财政高福利补贴），此后将逐渐开始右转（指收支平衡的市场化机制）。

2013 年 1 月 30 日，台湾当局公布了养老金制度的第一阶段改革方案，总的方向是“少领多缴晚拿”，民众今后缴的费用会逐年提高，领的养老金则逐年下降，申领年限也会逐步往后延。

这个改革方向无非是要保证台湾养老金的各个资金池能够细水长流，而不是涸泽而渔。若不改革，多个养老资金池将在十几二十年后逐个干枯。台湾地区领导人马英九还发出危言：“好比一颗引线愈来愈短的炸弹，如果现在不改革，未来这列火车（养老金）一定会坠崖。”

按照改革前的养老金制度，台湾军人退休金将在 2019 年破产，劳保基金将在 2027 年破产，公务员退休金也将在 2031 年破产。台养老金是如何一路走到了破产边缘？它给同样急速奔向老龄社会的大陆能带来哪些镜鉴？

养老金“左转”多年，缺口越来越大

台湾是一个高福利社会，最具代表性的是其各类养老保障与全民健康保障，曾引来以高福利著称的欧洲国家前往取经。长期以来，其公职人员退休所得替代率（退休金与退休前薪资的比值）高达八成以上，在全球数一数二，远高于北欧国家。

台湾的军人、公务员、教师均属于公职人员，他们如果在 1995 年之前退休，退休待遇除了百分之百的本俸（相当于大陆公务员的基本工资，扣除了职务和专业补贴），还可享受 18% 的优惠存款利率，就是说他们的退休金存到银行，年利率为 18%。另外，他们在年终可领取一个半月薪资的奖金（该奖金在 2012 年底被紧急叫停）。

2011 年全台共 44.5 万人领取军公教退休金，这年他们平均每人领到了本俸 30.4 万元（新台币，下同），同时平均每人的存款利息所得为 15.4 万元，合计每人一年所得将近 46 万元，这种退休所得替代率达到了大约九成。

1995 年后退休的公职人员，虽然不能享有 18% 的优存利率，但他们的退休金以本俸的 2 倍为基数来计算。假如甲在职时的本俸为 4 万元，统计基数就有 8 万元，如果其工作年限有 35 年，那么计算公式为 8 × 35 × 2%=5.6（万元）。如果说甲退休前薪资(本俸加上职务或专业补贴)有 6 万元,则其退休所得替代率是 5.6 ÷ 6=93%。

在台湾各类领取养老金的人群中，军公教人员是待遇最丰厚的一群人，他们因此成为近千万劳工抨击的焦点。2012 年 10 月，台湾“劳委会”精算报告披露，台湾的劳保基金将在 2018 年达到最高峰，2019 年开始入不敷出，2027 年破产。此事立马掀起轩然大波，2012 年 10、11 月两个月，提早办理退休的劳工激增，劳工共提领退休金 700 多亿元，是平时的四五倍之多。

劳保基金的保障对象是台湾民营企业职工，参保薪资从 1 万 8 千多元到 4 万 3 千多元不等，现行制度按薪资的 8% 交纳费率，保费由企业主支付七成，职工支付二成，政府支付一成。一些没有雇主的经营人员，如出租车司机、个体小店主，则可以通过职业工会加入劳保，保费由政府支付一成，自付九成。

根据台湾“立法院”预算中心的报告，至 2012 年底，台军公教退休金的隐性负债已高达 8 万亿多元，劳保基金隐性负债 7 万多亿元，“寅吃卯粮”现象严重，这两类养老金隐性负债也造成了台当局财政总负债（账面债务加上隐性债务）已高达二三十万亿，占 GDP 的比值达到了 160% 以上。

精算报告显示，2012 年底台湾劳保基金账面约 5000 亿元，2018 年将达到高峰值 9000 多亿元，然而按照目前费率及申领方式，劳保基金在 2027 年就会见底，50 年后将累积负债 33 万亿元。台当局为使劳保基金细水长流，公布了费率两阶段改革方案：第一阶段每年以 0.5% 升幅，将保险费率提高至 12%；第二阶段按评估机制估算，如果劳保基金还是入不敷出，再持续逐年调高 0.5% 到上限 18.5% 为止。

政策买票逐年加码，保障易增难减

台湾农民的养老待遇，比起企业职工还好。农保费率最低，按 10200 元标准缴交 2.55% 的保费，政府支付七成，农民自付三成，折算后农民每月只需付 78 元保费，交半年以上，待年满 65 岁即可每月领 7000 元老农津贴，全台约 70 万人领这笔津贴，一年仅这笔开支就达到 500 多亿元。

老农津贴始于 1995 年，当时台湾社会“钱淹脚目”，财政实力雄厚，当局考虑到农民一辈子辛勤劳作，晚年却无经济保障，影响到他们老年生活的尊严，于是从当年起给每个 65 岁以上老农每月发放 3000 元津贴，此举正式拉开了台湾各种福利补贴拼命加码的“战国时代”。

从上世纪九十年代起，台湾进入到选举社会，岛内两大政党为了讨好选民，每逢选举就开出政策支票，当选后再积极兑现，在此背景下，老农津贴从 3000 元加码到 4000、5000、6000、7000 元。一些人根本不具农民身份，可是为了领到老农津贴，当起了假冒农民，于是一块地经过多次流转，可能帮助了十几人，甚至几十人成为“农民”。

台北士林地区一个叶姓女子在 2009 年把一块地分成四块，土地所有权分别转移给四人，其中一人又将分到的地分割成三块不同地号的地。这些地块接下来不断转移所有权，许多是假买假卖，一些人只为取得农民资格，短则一个月，长则一年多，取得农民资格后就移转给下一个人。原本一个地号的土地，前后竟然诞生了41个“农民”！时任台北市议员林瑞图质疑称：“这块地要坐直升机才到得了，非常陡峭，可能种东西吗？！”

对于那些不具农民身份、又没有参加工作的失业人员或家庭主妇，因为他们没有办理任何养老保险，台当局从2008年起给予办理“国民年金”，参保费率为1万7千多元标准的9%，参保人自付六成，政府付四成。因为“国民年金”的参保基数较低，一些无业人员也以各类职业工会名义，参加劳工保险。“国民年金”不仅养老金少，给付项目也很少，只有老、残、死三种情况可获津贴补助，而劳工保险共有8种情况可获津贴补助，激励了许多不合劳工条件的人申办劳工保险。

目前台湾有近千万人加入劳保，其中近300万人通过3000个职业工会投保，比例高得不合理。2009年，台湾“劳保局”曾开展职业工会检查行动，结果发现假会员高达六成多。

改革号角吹响，“右转”趋势不可逆转

2012年底，台“行政院”牵头成立了退休金改革领导小组，台湾养老金的经费不足、行业不平、世代不均等三大问题浮上了台面，台当局将从增加缴费、减少领取、平衡职业不平等面向进行改革。

根据台湾退休金的第一阶段改革方案，改革重点是少领、多缴、晚拿。“少领”第一刀砍向18%优惠存款利率，军公教人员所享有的18%优存利率，将分职级逐年下调到最高9%；同时，以退休前本俸2倍为基准的退休金计算方法，调降到以最后在职15年平均本俸的1.6倍，以使他们高达九成的所得替代率降至八成以下。

“晚拿”是指公务员申领退休金资格将从“85制”（工作时间加年龄为85年）改为“90制”，以后公务员须工作满30年、年满60岁，或工作满25年、年满65岁方可按月领取退休金。

“多缴”则是针对劳工保险费率，方案规划劳保费率从8%逐年调高到18.5%。另外，“多缴”还包括解决“高薪低保”问题。台湾劳保的投保薪资从18780元到43900元不等，现行劳保制度依照投保期间最高5年投保薪资计算保费，

许多人钻了这一政策空子，高薪低保，到临近退休的最后 5 年，再按高薪资来缴交保费，造成了缴费漏洞。

在这种制度下，按最高投保薪资投保 5 年与投保 25 年，缴交的保费相差悬殊，但是退休后所得相差无几。台湾东海大学社会工作系助理教授陈秀惠估算，这类投机的“缴少领多”，至少造成台湾财政每年上亿损失。

台“立委”王育敏介绍，法国劳工保险按 25 年平均投保薪资来给付保费，日本、德国按终身投保薪资来给付。为了弥补劳保基金缺口，台“劳保局”规划依照投保期间最高 12 年投保薪资计算保费，减小“高薪低保”漏洞。

台湾“内政部”称，台湾社会的老化速度远快于欧美发达国家，1993 年台湾 65 岁以上人口突破总人口的 7%，进入高龄化社会，到 2012 年底已突破总人口的 11%，老年人口将近 260 万。按照这种速度，台湾将在 2017 年老人比例达到 14%，迈入高龄社会；预计 2025 年达到 20%，迈入超高龄社会。

台“内政部”表示，**台湾从高龄化社会过渡到超高龄社会，预计只有 30 多年，而欧美国家过渡期通常有 100 多年。台湾社会加速老化，使得养老保障问题愈加急迫，如何保障养老金不夭折，已经成为台湾当政者的一个重大挑战！**

第三十三章
“以房养老”：为养老新开一扇门

两岸都开始探索“以房养老”实践，中国向来是养儿防老，如今的养老保障金制度是集体储蓄防老，让大家年轻时赚的工资留一部分到退休后，而以房养老开辟了以不动产养老的新思路。

2013 年 3 月至 2017 年底，台湾试行“以房养老”制度，实施对象为 100 名有房产、无子女的贫困老人(65 岁以上)，他们以自己的房产估价抵押给台当局后，仍可继续住在自己房子里，并拥有房子所有权，每月却能够从当局委托的银行领取类似养老金的津贴，直到终老。老人百年之后，其房产归台当局处置。

从 2014 年起，大陆也在多个城市试行以房养老制度。台湾版的以房养老，尽管试行面很小，成效有待观察，可毕竟为养老新开了一扇门，也带给大陆一些新的思考。

从养儿防老到以房养老

中国传统社会，“不孝有三，无后为大”，指的是一个孝子，一定要生下儿子，为家族传宗接代。我们的祖先生儿子，除了尽孝道之外，还有一个重要功能就是养儿防老。

在现代社会，养儿防老渐渐被储蓄养老所替代。就大陆而言，实行计划生育几十年，少子化日渐成为趋势，养儿对许多人来说成为“不可能完成的任务”。就台湾来说，虽然没有计划生育，但越来越多的人不愿结婚、不愿生育，本世纪以来平均生育率还不到1.3(指每对夫妻平均生不到1.3个孩子)，养儿对许多人来说，同样也成为“不可能完成的任务”。

随着社会进步，全球范围的养老退休制度逐渐完善，人们在工作中拿出一部分钱存到养老账户，等到退休后逐月取出，这是社会化、制度化的储蓄养老，有别于随意性强的个体化的储蓄养老，更具社会保障性、规范性。

以房养老是社会储蓄养老的一种补充。在台湾，有一部分老人因为有房产，被排除在社会救助之外；可是他们平时又无任何经济来源，没有养老退休金可领，没有困难补助，生活十分贫困。以房养老，相当于把房产转化成现金流，支付他们每月的养老金。

据了解，台湾收入较低的城里老人，每月可领到数千元(新台币，下同)不等的敬老津贴，农村老人则每月均可领到7000元老农津贴，不过这两项津贴均设置了“排富条款”——家庭财产(包括土地、房屋等)超过500万元，或者个人年收入超过50万元者，不得领取。这样一来，便苦了有房子没收入的孤寡老人。以房养老，算是对“排富条款”不完善之处的一个弥补、修正。

从以房养老到以地养老

以房养老为我们开启了一个新思路，就是把不动产变成了动产，再把这笔动产“化整为零”，把一次性领取的金额分解成长期按月领取，这跟社会养老保障思路基本吻合——不是一次性把钱发给老人，而是按月支付，保障了老人长期生活所需，不至于老人一下子把钱花完后生活没有着落。

不动产变动产，而不动产除了房子之外，还有土地(台湾大多土地归私人所有)、厂房等，既然有房产开了先河，那么将来为何不能把其他不动产也纳入养老范畴?

特别是以地养老，在台湾更是值得尝试的办法。国民党退台之后，在台湾搞起了轰轰烈烈的土地改革，台湾农民“耕者有其田”，农民拥有土地所有权，这是一笔巨大的可流转的资产。虽然目前台湾老农每月都可领到7000元，但这也招来了社会其他阶层的反弹声浪，并导致很多人假冒农民领津贴。将来老农津贴万一遭到删减，届时孤寡老农生活如何自理？以地养老不失为一个法子。

以地养老的操作思路同样可借鉴以房养老，申请人把自家地拿到当局委托的银行（现为土地银行）估值，再根据申请人的性别、年龄等因素，精算出每月可折现的金额，以养老退休金的方式支付。

从公益模式到商品模式

以房养老在美国、日本、英国、新加坡以及香港等地均有尝试，但多为商品模式运作，参与者大多为收入中等的中产阶级。以美国为例，这项工作完全交由银行承做，房子纯属商品，由银行估价并发放津贴。**参与者前半辈子辛辛苦苦当房奴，晚年生活便可拿房产换领养老金，也算是对前半生房奴的一种补偿。他们终于可以不用为房子挣钱了，而可以让房子为自己挣钱了！**

台湾目前施行的以房养老，采取公益模式，社会救助的意味浓厚。老人向“内政部社会司”提出申请之后，由“社会司”委托公营的土地银行进行精确估价，这过程中土地银行只负责事务性的办理，不承担房价波动而引来的津贴发放风险。

台湾的银行界普遍认为，考虑到房价行情起伏大，老人长寿趋势明显，所以承办以房养老的风险较大，不愿接手这个“烫手山芋”，最后便由“内政部”来承接。台当局负最后责任，不管参加者活得多长，当局都要照顾直到终老。

老人每月可领金额，由“内政部”按老人性别、年龄及其不动产估价精算核定。由于女性平均寿命较长，因此相同年龄申请人及相同价值之不动产，男性领取金额会比女性高。例如同为70岁长者，不动产估价皆为1000万元，精算结果是男长者月领34800元，女长者只能月领30300元。

台湾的以房养老适用于无子女、有房子的老人，条件是房子没有拿去银行抵押，老人没有法定义务赡养人。岛内就此有观点指出，**如果老人有子女，但是子女不愿尽赡养义务，这类老人是否也该适用这项新政？或者说，子女已经有房子，老人房子无需传承给后代，为什么这类老人不能适用以房养老呢？**

据统计至2012年底，全台老年人口260多万人，占总人口11%，其中有十几万户独居老人，而5年只试行100户以房养老的公益模式，适用范围小，社会功效小，在老龄化逐年加剧的台湾社会，商品化以房养老似乎更值得尝试。

第三十四章
台湾“少子化”社会如何炼成？

在经济压力之下，在强调“自我”之下，台湾出生人口急剧萎缩，今天的“少子化”，意味着将来的“老龄化”，台湾社会正面临活力衰竭的严峻挑战！

根据美国人口研究机构“人口资料局(PRB)”发布的“2011年世界人口估计要览表”，2011年全球平均生育率2.5人，其中高度发展区域国家和地区平均1.7人，最低度发展区域平均4.5人。

横向看，2011年全球生育率最高为尼日利亚的7.0人，最低的是台湾的0.9人，就是说台湾平均每个妇女生育小孩不到1个，只有0.9个。纵向看，1976年台湾出生人数达42万5千人，2000年30万，2010年降至16万多人。

“少子化”已成为台湾近年来的严重问题，甚至被马英九视为“国安”问题。“少子化”反映了台湾怎样的社会现实？

养育孩子的一本支出账

家住台中市的吴先生，在一家运动器材公司做管理人员，平时夫妻工作繁忙，无暇照顾孩子，就在周一到周五晚上送两个读初中的小孩上补习班，一来解决孩子照顾问题，二来让老师督促孩子完成作业、补习功课。

吴先生每月支付两个小孩补习费合计 3 万元（新台币，下同），一年共 36 万元，孩子念的都是私立学校，每人每学期要交 5 万多元学费，两人一年学费大约 22 万元。合计学费和补习费，一年计五六十万元，相当于吴先生夫妻中一人的薪水，家里其他开支全靠另一人薪水。吴先生为此很庆幸住在台中，房价便宜，要不然真养不起小孩了。

同样住在台中的媒体人林先生介绍，普通人家的小孩从生下来到大学毕业，如果都念公立学校，也要花销 500 万元左右，如果读高学费的私立学校，这笔账就不容易算清楚了。

在一家公司担任职员的台北市民简肇成，养小孩就远没吴先生轻松了，经常感慨“养小孩不易”。他孩子读幼儿园时，每月要交 1.5 万，上小学后学费免了，但每个月要交给安亲班（相当于大陆的午托班）1 万元，小孩每学一门才艺要交 5000 元，补习班收费每门也要三五千元。

简肇成称，许多上班族经常从早晨 9 点上班到晚上 9 点，没时间辅导小孩功课，所以让孩子读补习班的非常普遍，带来很大的经济负担。他说，像他一样 40 岁上下的人，多数还有一个小孩，而许多更年轻的人，在近年房价节节升高的状况下，都没敢生小孩，或者没敢结婚。

年轻人养家糊口很艰难

台北市民程明德认为，台湾人不生孩子，有年轻人家庭观念淡薄、个人主义兴盛的原因，也有治安、教育环境不理想等原因，但最重要的还是经济因素，养育小孩的成本越来越高，而上班族薪资基本上是原地踏步。

程明德说，年轻人学历越来越高，基本上都是大学生，意味着他们就业前的投入大幅增加，然而毕业后工作不好找，或者上班薪资“冻涨”，收入并没有随投入增加而增加。特别是台湾企业长期以来延续代工模式，利润很微薄，于是极力压缩成本，要企业主提高工资并非易事。

据台湾“主计处”统计，台湾的大学毕业生起薪通常2万元出头，扣除物价因素，比20世纪末的水平还低。普通上班族平均月薪四五万元，扣除物价因素后的实质薪资，也与上世纪末不相上下，台湾民众薪资“失落”了十几年。

一般个体户的收入同样不见涨。开了几十年出租车的李德台回忆说，在20世纪七八十年代，一天随便跑车下来能赚三四千元，如今基本上只能赚2000多元，钱变小了，却更难赚了。他算了一笔账，一个月收入五六万元，扣除2万多元油钱，纯收入3万多元，年轻人靠这个职业要养家糊口，是很困难的事。

李德台很羡慕靠大陆观光客发了财的商家，例如日月潭边卖茶叶蛋的阿婆、卖“小金砖”凤梨酥的厂商，他希望能来更多自由行的陆客，让出租车司机的日子好转起来。

当局、县市政府发钱鼓励

为了鼓励民众多生孩子，台湾当局和各县市政府采取最直接的发放生育津贴办法。2012年1月1日起，台当局针对年收入113万元以下，父母有一方在家照顾2岁以下婴幼儿的家庭，每月补助孩子2500—5000元不等，这项生育津贴发放到小孩满2岁。当局对于单亲家庭、隔代教养等状况的家庭，每年还发放17880元的“特殊境遇”津贴，直到小孩长到18岁。

台湾各县市政府则纷纷发放一次性的生育津贴，例如台北、金门、马祖的生育津贴均达到2万元，其中马祖对于第二、三胎的津贴，分别为5万、8万元，金门对于多胞胎的津贴，则每胞胎一律补贴4万元。另外，台北市给予5岁以下孩童每月2500元育儿津贴。

台中市政府除了一次性补助每胎新生儿1万元之外，对有2岁以下婴幼儿的双薪家庭，只要透过社区保姆系统托婴者，可申请每人每月3000元或5000元的托育补助，5岁以上就读公立幼稚园可免费，就读私立幼托园所的1年补助3万元。

在一系列“催生”政策刺激下，近两年台出生率有所回升，特别是2012年恰逢龙年，这年台湾新出生人口达到23万多人。

鼓励生育需取消“歧视”

台湾励馨基金会执行长纪惠容称，有半数县市政府在发放生育津贴时，设立了歧视条款，例如彰化县规定母亲要年满16岁，屏东县规定要18岁，澎湖县要20岁，屏东县一些乡镇规定“因危害善良风俗而受孕者”不得申请。

纪惠容说，以妈妈的婚姻、年龄、籍别而对她们采取不同待遇，势必阻碍她们的生育意愿。台“主计处”统计，2010年台湾16.6万多名新生儿中，未婚生子的有7500多人，其中未成年生子的有2800多人。

19岁的新北女孩小花（化名），已是2岁小孩的妈妈，“小爸爸”落跑，丢下她这个“小妈妈”单独抚养小孩。小花只申请到“特境”津贴，而没申请到当地的生育津贴，因为她是非婚生子，“危害了善良风俗”。她每月薪水大约2万元，上幼儿园的孩子每月要交将近1万元，花掉她一半的工资。

小花每天下班后就回家照顾小孩，她跟以前的同学基本没了来往，她最大的梦想就是等到孩子读四年级时，自己能够再回到学校补课上大学，延续未了的“大学梦”。

像小花一样的“小妈妈”，因为孩子的出生，不得不放弃学业，承担起抚养孩子重任，在低学历的影响下，只能从事低薪资的临时工来养家，没有稳定的住所，无力请保姆照顾小孩，由此落入贫穷循环，难以翻身，她们更需要生育津贴和职业辅导。

“少子化”凸显“自我”观念

一个台北市民说，如果生一个小孩，每月可以领到3万元补贴，比养一个小孩的费用还多，多生小孩多赚钱，大家肯定会拼命生小孩。

这毕竟只是美好的设想，飘在云端之上。在现实的地面上，台湾生一个小孩可领到的补贴，对于巨额抚养教育费来说只是杯水车薪。

因此，要让老百姓多生孩子，只能让他们增加收入，减少孩子培养成本。想当年台湾经济腾飞时，人们“钱淹脚目”，哪会有“少子化”这档事！

不过也要看到，“少子化”还有人们思想观念的因素，现代人越来越“自我”，注重自己的生活品质，而不愿把过多精力花在照顾小孩上面，所以越发达的地区生育率往往越低，落后地区反而多生孩子，这是社会现代化带来的结果。

也有人看到孩子生长、教育的整个环境糟糕，担心孩子生下来后不能获得好的成长条件，甚至走入歧途，于是不敢生孩子。他们认为，如今社会上拜金主义盛行，笑贫不笑娼，吸毒赌博严重，孩子长大后如果只知赚钱，或者违法犯罪，倒不如不生。

因此，要从经济到观念上，到整个社会环境上，去思考解决“少子化”的办法，这是非常庞杂而长期的工程，绝非一时一事之议，也非一朝一夕之功。

第三十五章
台北为何高房价、低租金？

台北的高房价与低租金形成了鲜明对照，两者差距越来越大，把房产投资者推向高度风险区。房市泡沫将何时破灭？“居住正义”路在何方？

2013年11月下旬，台湾《今周刊》社长梁永煌在台北表示，30年前他第一份工作在台塑集团，当时以他的工资在台北木栅买一坪（相当于3.3平方米）房子，大约花2个半月工资，而今同样一个大学毕业生到他原单位上班，要买木栅一坪的房子，得花15个月的工资。

这样算来，对一个工薪阶层而言，买房负担是30年前的6倍。《今周刊》在2013年底发布了《台湾青年购屋调查》，并援引全球房地产指南的报告称，台北市房贷负担率达到64%，在全球名列第四，仅次于北京、上海、深圳。

仅6%年轻人能靠自己买房

房贷负担率，指的是中等收入者购买中等价位房子，每月房贷占据月收入的比例。台湾德明财经科技大学副教授花敬群指出，房贷支出通常不得超过月收入的三成，台北竟然达到 64%，高出了一倍以上，买房压力当然很大！

《今周刊》副总主笔方德琳很有感触地说，买房、结婚、生小孩，原来是顺理成章的事情，现在台湾年轻人只能有所取舍了。根据《今周刊》调查，全台湾 20—39 岁人群中，只有 6.4% 的人靠自己买房，高房价影响到他们的结婚、生子意愿，台北市有近 66% 的年轻人因此考虑不生或少生小孩。

淡江大学副教授庄孟翰说，人们常说“五子登科”，即银子、车子、房子、妻子、孩子，如今台湾的大学生月薪领 22K（2.2 万元新台币），年轻人失业率更是长期高达 12% 以上，银子没了就没钱买房子，没了房子就不敢要妻子孩子，基本上什么“子”都没了。

半世纪买精华区一套房

目前台湾房价究竟是什么行情？庄孟翰介绍，台北预售屋（相当于大陆的一手房）每坪均价，从 2002 年 36.7 万元新台币（下同）涨至 2013 年第三季的 86.3 万元，新北市同期也从 16.7 万涨到了近 40 万元，“双北”成为全台湾房价上涨的火车头。其他几个主要城市桃园、台中、高雄、台南等，预售屋均价基本为二十几万。

庄孟翰表示，台北市普通双职工要想买台北精华区的一套 33 坪房子，即使他们不吃不喝，也要熬上半个世纪，2012 年台北大安区调查数据为 53 年，信义区也大致相当。

就中古屋（屋龄 3 年以上的房子）而言，据全球房地产指南的调查报告，台北每坪均价将近 70 万元，居全球第 18 位，在亚洲落后于香港、新加坡、东京，价格似乎不算非常离谱。

但庄孟翰说，台北房价的绝对值不算太高，不过台北房价租金比高达 64 倍，居全球第一，与之相对应的是房屋毛租金收益率仅 1.57%，在全球 94 个主要城市当中垫底。

热钱推房价，低薪阻房租

房价租金比，指的是（120 平方米 × 单价）÷ 年租金；毛租金收益率，指的是年租金 ÷（120 平方米 × 单价）。实际上，这两个概念指向同一意思。

庄孟翰解读，台北房价涨得飞快，外部因素是2008年全球金融海啸之后美国采取三次量化宽松措施，致使国际热钱泛滥，同时两岸关系快速改善，带来外来需求的预期心理；内部因素是台湾进入了有史来最长的低利率时期，2003年房贷年利率降至2.5%，2009年降至2%以下，同时台湾近年大幅调降土地增值税和遗产赠与税，大大增加了资金供给，降低了交易成本。

然而在租金成长方面，台湾工薪阶层实质收入停留在20世纪末的水平，因为民众收入增长缓慢，所以房租增幅也很缓慢。如此一来，房价与租金的差距越来越大，乃至租金报酬率跌至了全球最低的1.57%，而通常低于3%表示已进入投资风险区。

2015年台湾房市泡沫化？

据台“央行”统计，至2013年9月，台湾房地产授信贷款余额7.3万亿元，占银行信贷总额的52%，早已超越用来衡量房地产泡沫与否的40%警戒线。“央行”为此向岛内银行业发出警讯，一旦市场景气反转，势必严重冲击房市，对房地产放款比例过高不可掉以轻心。

台湾经济研究院指出，2015年台湾房市可能泡沫化。如何抑制不断上涨的房价，提早挤破房价泡沫？根据2013年底《今周刊》公布的调查数据，六成受访者赞成征收奢侈税（取得房产两年内交易者需课税），56%支持要实价课税（目前按公告价课税），八成赞成对海外人士要课征资本利得税，47%民众认为不应该开放大陆人士赴台买房。

台“立法委员”黄伟哲称，台当局应该改革房地产税费制度，增加持有成本，开征房屋空置税、资本利得税等，真正落实“居住正义”，让大多数年轻人买得起自住房子。

第三十六章
从奢侈税看台湾“打房”得失

在大陆，“打房”是大家熟悉得不能再熟悉的词语，可是十几年来房价越打越高。在台湾也偶有“打房”一说，当政者同样不敢把房价往死里打，他们近年最有力度的“打房”举措，当数推出奢侈税了。

台商杨先生在厦门炒房多年，最近的“得意之作”位于厦门“世贸湖滨首府”，2011 年以单价 2.5 万元人民币买下一套 150 多平方米的房子，2013 年初每平方米涨到 3.8 万元，账面赚了大约 200 万元。

这只是他诸多“作品”中的一件，不过这件“作品”如今碰到了一点麻烦，大陆在这年初颁布了“国五条”打房新政，一项重要内容是对二手房交易的增值部分要征收 20% 的个人所得税。

杨先生说，他没打算承担这 20% 的税负，而要转嫁给客户，一时间客户也不想负担这笔支出，交易便暂停了。还好，大陆几乎没哪个地方认真执行“征收 20% 个税条款”，杨先生的麻烦只是短暂的。

问及他想不想回台湾炒房？杨先生坚决表示“不会”，因为大陆商机大，台北房价也是贵得让人不敢去摸了，再说，台湾还有奢侈税呢。

奢侈税功效有多大？

到 2013 年 6 月，台湾实施奢侈税满 2 年，该税的全称是“特种货物及劳务税”，主要目的是打击炒房，实为炒房税，台当局担心对房地产造成太大冲击，改称奢侈税，除了针对房地产，也针对高价消费的汽车、珠宝、高尔夫球证等。

奢侈税规定，对于非自用的房屋及土地，1 至 2 年间转让者按照销售实价课税 10%，1 年内转让者按实价课税 15%，以此打击短期炒房。从 2011 年 6 月至 2012 年底，奢侈税收入 65 亿元（新台币，下同），远低于原先台当局估算的一年 150 亿元。

从这点看来，奢侈税功效似乎不甚理想。不过台湾政治大学经济系特聘教授林祖嘉撰文称，奢侈税主要目的不是要增加税收，而是打击炒房，税收远低于预期，正好说明房地产短期交易量在下降，奢侈税发挥了功效。

林祖嘉介绍，2012 年台北市的土地增值税同比减少近 6%，与交易量直接相关的契税减少近 14%，印证了房地产交易量因奢侈税而减少。

台湾淡江大学产业经济系副教授庄孟翰表示，奢侈税起到了一些效果，不过效果很短暂。奢侈税实施之初，房价有过一阵下探，可是很快又上来了，呈 V 字形走势；2012 年 8 月房地产实价登录制度实施，也造成了房市 V 字形走势，两者共同组成了近两年房市的 W 形走势。

资金泛滥，拉高房价

从实施奢侈税近两年来，房地产交易量虽有短暂回落，但房价走高趋势未改。以台北房价为例，一手房均价从 2003 年至 2012 年翻了一倍，大约是前 5 年从每坪（1 坪 =3.3 平方米）近 40 万涨到 60 万，后 5 年从 60 万涨到近 80 万。庄孟翰表示，台北二手房均价约为一手房的七成，也在同步上涨。

这种现象说明房子主人开始惜售。正如厦门台商杨先生所想，不愿承担新增的税负，宁肯把房子养着，这样就造成了交易量减少、价格却还没降的结果。等到需求再度旺盛之时，房子主人再伺机涨价出售。

如今，流动在台湾房地产市场的资金泛滥。近年全球普遍量化宽松，欧美经济不景气，那儿的钱往亚洲新兴经济体流动，包括不少海外台资回流。随着两岸关系改善，大陆台资回流也逐年增多，这些资金却在岛内没有太多投资管道。2013年台湾证所税上路，该税设置了8500点“天花板”，8500点以上开征证所税，游资不敢大量涌入股市，怕成为“击鼓传花”的最后一棒。于是，房市成为泛滥资金的目标。2013年6月，台当局紧急修法，取消了证所税的8500点“天花板”。

庄孟翰以为，**台湾社会两极分化在加剧，有钱的更有钱，没钱的更穷，M形特征越发显著，这种M形社会遇上奢侈税、房地产实价登录造成的房市W形走势，总体造成了房地产市场波浪形上升的态势。因此，奢侈税的作用短暂而有限。**

提高养房养地成本

奢侈税打击的是买地买房两年内转让者，有钱人会等到两年后再出售，所以提高养房养地成本，征收房产税，才能更有效打击炒房。

庄孟翰介绍，台湾房地产的持有成本分成两部分，一是地价税（自用地的税率2‰、营业用地的税率10‰），二是房屋税（自用房的税率1%—2%、营业用的税率3%—5%），它们均以公告现值（类似大陆的政府指导价）为税基，而公告现值往往只有市价的两三成。

据了解，国外许多大城市对不动产课征的财产税约为市价的1%，美国为1.14%，如果买一栋2亿元的豪宅，每年得交200万元房产税。庄孟翰称，实际上台湾的房屋税加上地价税，为美国房产税的1/3到1/10之间。

台湾实行房地产实价登录，就是作为以后课征房产税的铺垫。目前，实价登录只对消费者起到提醒作用，帮他们了解各个地段的真实房价，没有作为课税的依据。

林祖嘉建议，日后实施房产税应该针对非自住的房子，自住房仍按目前税率交地价税和房屋税即可。否则，假如你在台北有一套35坪的房子，10年前值1000万，现在涨到3000万了，按1%的税率交房产税，每年交税额也就从10万涨到30万，对自住者来说是不小的负担。对于非自住房，则课以高昂的房产税，增加养房养地成本，才能有力打击房地产投资投机行为。

资本利得税争议

围绕二手房交易主要有几个税种：持有环节的叫房产税，属于财产税范畴；交易环节的属于交易税，比如奢侈税；卖房盈利部分的属于资本利得税，例如大陆出台的房产增值部分课 20% 个税。

要想有效打击炒房，最佳状态是三税并举，增加持有成本、交易成本，再从你赚的钱中抠点钱出来，以此降低炒房诱因。

台湾在房产税部分，虽然实施了房地产实价登录，但何时实施房产税还是没影的事儿。交易税部分，两年内转让非自用住宅者，要按交易实价课征奢侈税。资本利得税部分，按地价公告现值的 20%—40% 征收土地增值税，卖房屋赚的钱则按公告现值并入个人所得税（台湾叫综合所得税）。因为公告现值远低于市价，或许你炒房赚了 200 万元，只需以三四十万来申报个人所得税。当前台湾个人所得税起征点为年收入 50 万元，近四成台湾人无需交个税，约四成民众交 5% 的个税。

但是对于如何界定资本得利，两岸争议都较多。厦门市民苏小姐说，不能光看房价几年涨了多少，也要看到投入了多少装修成本、贷款成本，这部分如何计算？“投资就是这样，风险越大，收益越高，而政府课税 20% 却是稳赚不赔的事！”

第三十七章
台湾电价市场化之困

负责向全台用户供电的台湾电力公司，已亏损了资本额的一大半，台电一直推动要提高电价，老百姓却不买这个账。电价究竟高了还是低了，在垄断企业经营的背景下，这是一道永远没有答案的难题。

台湾电价改革继2012年6月调涨之后，从2013年10月起，实行第二阶段调涨，规划每个月住宅用电500度以下、小商家1500度以下不调涨，约八成的住宅用户与商家电价不用涨。

台当局从2012年起实施电价三阶段调涨改革，第三阶段则要看台电（台湾电力公司）改善经营绩效状况而定。三阶段全部调涨之后，台电价将实施浮动的市场调节机制，与目前岛内的汽柴油价格一样随市浮动，彻底解决困扰多年的油电价动辄“冻涨”的难题。

只是，第三阶段何时实施，没有时间表；台电自身改革何时才算完成，也没有标准答案。台湾电价市场化之路，仍然“路漫漫其修远”。

台电巨亏，电价难涨

负责向全台用户供电的台电属于垄断企业，不过它没赚到垄断利润，却已亏了其资本额的一大半。台电 2007 年亏 231 亿元（新台币，下同），2008 年亏 1013 亿元，2009 年亏 15 亿元，2010 年亏 187 亿元，2011 年亏 433 亿，2012 年亏 621 亿元。到 2013 年上半年，台电累计亏损 2278 亿元。

据称，台电实收资本额为 3300 亿元，现已亏损其 2/3 以上。台电估算，如果第二阶段电价不涨，台电两年内将破产垮掉；即便按第二阶段调涨方案，电价仍低于发电成本，2013 年还要亏 441 亿元，2014 年预计亏 350 亿元，破产也是近在咫尺的事。

台湾公营企业原来有两大亏损大户——台电、“中油”，“中油”于 2008 年形成了每周随国际原油价浮动成品油价格的市场机制。2008 年马英九执政以来，解除了陈水扁当政时期的电价“冻涨”做法，在 2008 年分两次调涨了电价。不过从 2009 年到 2012 年 5 月，当局者考虑到选举因素，电价未再作调整。台电公司建议按月浮动电价的思路，一直未能如愿。

台湾政治大学经济系特聘教授林祖嘉表示，与汽柴油价相比，电价更直接关系到普通民众的切身利益，电是必需品，需求弹性很小，因此电价调涨造成的影响比油价调涨更明显，阻力也会更大。

中国社科院台研所王建民研究员称，台湾工资十多年不涨，加上反对党操纵下的民粹主义盛行，物价稍微有些波动就容易引发民怨，这也是电价涨不动的重要原因。

家庭用电补贴工业用电

台湾电价改革路难行，另一重要原因是家庭电价高于工业电价，工业用电是用电大头，却享受最便宜价格，最大程度造成了台电巨亏，到头来却要老百姓为此买单，因此激发了民怨。

台湾商业电价高于家庭电价，家庭电价又高于工业电价。针对这种不合理状况，台湾“监察院”2013 年 6 月份通过多名“监委”提交的一份报告，表示“民间补贴工业用电不合理”，要求台“经济部”及台电公司进行检讨。

据这份报告，台工业用电户数 21 万户，仅占全台用电总户数 10%，但每年用电量近 1400 亿度，占全台总用电 80%。以 2012 年度为例，台电亏损 621 亿元，其中工业用电亏损 385 亿元，亏损“贡献率”达到六成。

报告称，台电工业用电从 2004 年开始亏损，当年亏损 24 亿元，2012 年度增加到 385 亿元。**台湾为了顾及产业竞争力，工业电价一直遵循“亚邻最低价”的原则。“监委”表示，这是“拔瘦鹅的毛，去补贴肥鹅”，家庭用电是日常生活所需，工业用电则是为了营利，拿民生用电补贴营利用电，不符公平正义。**

台电民营化，或为突破口

王建民指出，调涨电价对台湾民众造成了生活压力，他们习惯了享受超低电价，特别在经济不景气时要让他们多掏腰包，他们情感上不易接受；然而从长期来看，根据市场行情，用制度化办法调整电价的方向是必要的。

台电公司向当局提出一个电价调整方案，即在 2013 年 10 月 1 日第 2 阶段调整电价后，往后每年 10 月依照电价计算公式调整 1 次，如果调整金额在 0.1 元以下者，台电可以自行公布调整，不必送“经济部”审查。但是该方案未被“经济部”同意。

台电称，**台电向各发电厂买电，实行的是市场价；而向各用电对象售电，实行的是管制价。这种情形下，台电巨亏是因为售价低了，还是因为企业经营不善，很难厘清。**台电为此建议成立“电价费率审议委员会”，代替现在“经济部”下设的电价审议小组来定价，便于电价回归市场机制。

台湾中华经济研究院顾问叶万安表示，**台湾电价难题的症结在于缺乏自由竞争，解决之道终将要回归市场机制，只有打破垄断行为，引入市场竞争，才能形成按月随市场行情涨跌的定价机制。据悉，台“经济部”下设的台电经营改善小组，也把台电民营化列为一个选项，但怎么民营化至今没有达成共识。**

第三十八章
台湾出租车“牌随人走”可供借鉴

打的难，成为大陆诸多城市的普遍难题，根源在于车牌被严格管制，成为稀缺资源。而台湾，司机几乎可以免费取得出租车牌，所以没有打的难问题，然而却也造成了空车满街跑现象。政府“有形之手”的松与紧，真该好好拿捏！

在台湾打的非常方便，即使在人流量最密集的台北市，上下班高峰期拦出租车（台湾称“计程车”），通常几分钟就可等到车，加上司机待人热情，一般不会欺生绕路，所以在台湾打的是不错的体验。但是司机们的体验，却不像乘客这般轻松愉快。街上过多的空车，导致他们拉客趟数减少，收入减少。

两种角色体验的反差，反映了台湾出租车行业运营的实际状况。**在经历了放任市场调节之后，岛内业界正在呼吁公权力伸出“有形之手”，对出租车行业进行总量管制。这不禁令我们好奇：这个市场怎么会欢迎曾深恶痛绝的那双“有形之手”？**

从车行、合作社到个人车牌
取得门槛降低，车牌泛滥

台北出租车司机刘先生介绍，20 世纪七十年代，台湾出租车由小汽车取代了三轮车。车行（汽车销售公司）从主管部门取得出租车牌配额，司机向车行购买或租赁出租车，除了交给车行 10 万元（新台币，下同）牌照使用费之外，每个月还要交给车行将近 2000 元管理费。

随着人口和道路数量的增加，出租车牌配额制日益不能适应市场需求。台湾道路协会称，牌照短缺带来了很多劳资纠纷，司机觉得被车行严重剥削，纷纷要求开放个人申请车牌。上世纪末，台湾开放出租车合作社，司机可把车牌挂靠在合作社下面，不必交 10 万元牌照使用费，每月上交的管理费也降到了几百元。

同时，驾驶出租车六年、基本无违章记录者，车牌无需挂靠车行或合作社下面，可拥有个人车牌，每月管理费也免了。要申领个人牌照的话，先考驾驶证，再通过出租车执业登记考试，即可领到牌照，除了一点工本费外，牌照完全免费。车牌的容易取得，提高了民众开出租车的积极性，1998 年台湾出租车数量达到最高峰，总计 11 万多辆。

此后在“少子化”的影响下，台湾人口增长缓慢，以及都会区捷运（大陆称“地铁”）系统的四通八达，出租车市场开始萎缩。台北市公共运输发展协会表示，多年来关于要不要管制车牌，有过多次争论，但每次结果都是不断地解除管制，主管部门干预机制几乎没有，任凭市场自行调节。

空车率高，收入节节下降
实际上路车辆逐年递减

由于乘客人数减少，台湾实际营运的出租车正逐年减少。据台湾“交通部”统计，从 1998 年到 2010 年，实际营运的出租车数量年均减少 2000 多辆，2010 年降到 8.7 万辆。市场调节的结果，表明这个行业已无力支撑起原有的就业人群。

这 8.7 万辆出租车中，北北基（台北市、新北市、基隆市）占 60%，约 5 万辆，其中台北市约3万辆。2011年台北司机翁世忠说，他每次等红灯时，基本上都有七八辆出租车同时在等这个红灯。台北市人口不到300万，还没厦门市人口多，出租车数量却是厦门的好几倍。

台“交通部”称，国际上合理的出租车空车率在30%至35%之间，台湾空车率却达到百分之六七十，每年因空车行驶带来的油耗损失达到六七十亿元，还不包括治理空气污染带来的社会成本。

空车率太高，造成司机收入下降。台“交通部”2010年底做了一份调查，发现台湾出租车司机平均每月收入3.7万元，扣除油钱等成本后净赚1.9万元；其中台北市司机收入最高，平均每月收入4.2万元，扣除成本后净赚2.2万元。越往南部，司机收入越低。

开了几十年出租车的台北司机李德台说，20世纪七八十年代，他一天收入三四千元，现只有2000元左右，一个月净赚3万多元，如果年轻人在台北靠这点收入，是很难维持家庭开销的。

因为收入减少，司机们上班时间延长，台湾出租车司机平均每月休息3天，上班时间平均每天工作大约10个小时。以平均时薪计算，他们的收入相当于大学毕业生的起薪，不到台湾上班族水平的一半。

老年人多，失业者多
出租车行业成为失业避风港

台湾道路协会一名常务理事表示，司机增加收入的途径，既可以提高车资，也可提高准入门槛，减少人员进入。他介绍，在台湾坐出租车比香港更贵，提高车资不太可行，司机没赚到什么钱，但乘客付出了很高费用。台“立法委员”丁守中介绍，每逢周日，他就排满了跑基层行程，经常一天跑下来，打的费高达2000多元。

台湾打的费因地而异，台北1.2公里起跳价70元或75元，越往南部起跳价越高，达到80、85元，一些地方甚至达到100元。起跳价之后，台北市每250米跳5元，南部一些县市每200米跳5元。除了按公里计费，还有按时间计费，车辆停驶时间每累计100秒钟跳5元，有时候你刚上车没走几米，因为堵车了，价格就开始往上跳。

台湾出租车行业还有一大特色，就是中老年司机很多，少有年轻人。台湾 中央警察大学教授周文生说，**出租车行业已经成了失业避风港，许多台湾人无业可就时，就选择了开出租车。这个行业的资金、技术门槛低，只需通过两项考试就能营运，不用求人，许多在职场丧失年龄优势的中年人或者退休人员，选择了这个行业。**

台北市公共运输发展协会介绍，伦敦出租车司机平均要33个月才能取得执照，司机的准入门槛很高，这就能保障司机收入，伦敦出租车司机年收入换算成新台币有300万元，约是台湾的10倍。

限发牌照，实行牌照有价
凭什么叫一些人让出车牌？

除了提高司机准入门槛，业者也希望提高牌照获得门槛。2011年9月，丁守中牵头召开了一次出租车总量管制公听会，现场业界、学界、政界几乎一致赞成减发牌照，强调当务之急是要赋予主管机关更大权力，对出租车市场进行干预。

台湾大学教授张学孔说，台湾出租车数量虽然逐年在减少，但这包含了太多悲惨的故事，市场调节的减速太缓慢，需要公权力介入，尽快把空车率降到合理空间。他说，**出租车是公共运输系统，无法用自由经济手段达到优胜劣汰目标，乘客没法货比三家，上车后才知道能否得到优质服务，服务差的司机不会在几个月后因揽不到客人而失业。**

有业者建议实行“牌照有价”，由当局牵头成立出租车发展基金，由基金按一定金额（比如20万元）统一回收牌照，再发给需要驾驶的司机，每年向他们收取特许营业费，类似司机分期付款购买牌照。不想继续开出租车的司机，获得了回收牌照的收入。

也有业者建议不必统一回收牌照，回收那些不想营运的出租车司机的牌照即可，每张给予一定补贴，估计要回收6万张牌照（有3万张是闲置牌照），相当于减少3万辆出租车，全台出租车减少到5万多辆，才算合理数量。

不过，出租车司机中老年人偏多，转移出去再就业的难度很大，所以由限发车牌而引发减员问题，风险不小。新北市司机朱良基说，大家经过多少努力，才摆脱政府管制，今后是不是再走回头路？再说，如果一年减少几百张车牌，靠市场调节就可以了，而要一下子大幅减少，标准在哪？凭什么让一些人开、让另一些人不开？

车牌不被一人永远占有
“牌随人走”值得大陆借鉴

为了短期内把营运车辆压缩到合理空间，岛内限发牌照呼声高涨，呼吁政府部门管制。然而，政府管制向来是很难拿捏的一件事。在大陆许多城市，由于出租车牌严格管制，一张牌照的黑市价屡屡炒到百万元人民币以上，车主凭着一张车牌，就可整天跷脚却吃香喝辣，司机日夜累得要死，一个月赚的钱远没有车主收入多。

在大陆这些城市，出租车牌越炒越贵，是车子的数倍价格，并且是“永远”的有效期，车辆报废了，牌照继续挂下一辆出租车，“铁打的牌照流水的车”。当初廉价买来的一张车牌，如今已涨价十几倍、几十倍，车主们万万不会想到，买牌照居然成了一项超高回报率的投资！

这方面，台湾经验值得大陆借鉴。台湾出租车司机不仅可免费取得车牌，而且“牌随人走”，司机到龄（现规定 68 岁）退休了，车牌就得移转给别人。车牌不为一人永远占有，为后来者创造了平等的竞争环境，并避免了司机被车主严苛盘剥。

当大陆出租车牌成为稀有资源，司机收入中的相当部分就会被车主占有，造成司机收入低，为了不使司机收入更低，政府必然严格控制车牌，这又导致出租车数量远远跟不上民众需求，造成民众打车难，特别在上下班高峰期，往往等老半天也难见一辆空车。

所以，政府管制的最大原则，是既要让乘客方便，也要让司机赚钱。管制的最坏结果是司机没赚到钱，乘客搭车不方便，不事劳作的车主们，却坐收滚滚财源！